INMARCESIBLE
UN ENCUENTRO CONTIGO MISMO

Alejandro J. Murguía

INMARCESIBLE
UN ENCUENTRO CONTIGO MISMO

Copyright © 2024 Alejandro J. Murguía, Todos los derechos reservados.

Ninguna parte de esta publicación podrá ser reproducida, almacenada en un sistema de recuperación o transmitido de ninguna manera ni por cualquier medio, ya sea electrónico, mecánico, mediante fotocopias o grabaciones, sin permiso previo de Hola Publishing Internacional.

Los puntos de vista y opiniones expresados en este libro pertenecen al autor y no reflejan necesariamente las políticas o la posición de Hola Publishing Internacional. Cualquier contenido proporcionado por nuestros autores es de su opinión y no tiene la intención de difamar a ninguna religión, grupo étnico, club, organización, empresa, individuo o persona.

Para solicitudes de permisos se debe escribir a la editorial, dirigido a "Atención: coordinador de permisos", a la siguiente dirección.

Hola Publishing Internacional
Eugenio Sue 79, int. 4, Col. Polanco
Miguel Hidalgo, C.P. 11550
Ciudad de México, México

Primera edición, Enero 2024
ISBN: 978-1-63765-551-1

La información contenida en este libro es estrictamente para propósitos informativos. A menos que se indique otra situación, todos los nombres, personajes, negocios, lugares, eventos e incidentes en este libro son producto de la imaginación del autor o usados de manera ficticia. Cualquier parecido con personas reales, vivas o muertas, o eventos actuales, es pura coincidencia.

Hola Publishing Internacional es una empresa de autopublicación que publica ficción y no ficción para adultos, literatura infantil, autoayuda, espiritual y libros religiosos. Continuamente nos esmeramos para ayudar a que los autores alcancen sus metas de publicación y proveer muchos servicios distintos que los ayuden a lograrlo. No publicamos libros que sean considerados política, religiosa o socialmente irrespetuosos, o libros que sean sexualmente provocativos, incluyendo erótica. Hola se reserva el derecho de rechazar la publicación de cualquier manuscrito si se considera que no se alinea con nuestros principios. ¿Tiene una idea para un libro que quisiera que consideremos para publicación? Por favor visite www.holapublishing.com para más información.

A mi madre, me enseñaste a amar.

Prefacio

El amor está hecho de bemoles, matices y contrastes. El amor es tan sólo amor, no mata ni destruye, es el ser humano quien lo hunde o lo construye.

Creo fervientemente que, si el universo reconociera para la humanidad un quinto elemento en nuestra vitalidad, este, indudablemente, sería el amor. De él dependemos para sobrevivir en armonía y bajo espiritualidad, ya sea por amor a alguien o por amor propio, reconocerás que en todo acto de tu vida habrá al menos una pizca de este cautivante don natural y entenderás que ese fragmento misterioso de energía es lo que nos mueve en una completa sintonía, como una melodía que combina en armonía.

El amor es el rescate para los entendidos, y el entierro para quienes lo desprestigian, ignoran y no lo respiran. Es la salvación y tu verdadero poder, o tan sólo es a lo que te niegas a acceder. Es neutral y paciente, protagonista y condescendiente. Se camuflájea y conserva su esencia, está en ti, en tus actos, en tu voluntad y en cada partícula de tu existencia.

Índice

Prólogo — 15

Capítulo I
El Comienzo del Todo — 19
   Aliados — 29

Capítulo II
El Alzamiento Afectivo — 35
   Los tres amores — 35
   Dicen que en tu vida sólo tendrás tres grandes amores — 36
   Inspiración — 43
   La única excepción — 55
   Destino o casualidad — 60
   Inteligencia emocional — 68
   La conquista — 72
   Amor a la antigua — 80
   Digital — 87
   Pasional — 93

Capítulo III
La Caída — 99
   La profunda tristeza — 106
   El duelo — 112
   Infidelidad — 118

Tóxico   126
¿Amistad después del amor?   134
Máscaras   139
Claro-oscuro   145
Sin retrovisores   152

Capítulo IV
Renacer   163
Transformación espiritual   168
El tiempo   179
Doblarse pero no quebrarse   187
Suelta   195
Ciclos   206
Quédate   212
Preludio y audición   221
Promesa   230

Epílogo   239

Referencias   241

Agradecimientos   245

Prólogo

La condición emocional del ser humano refleja conscientemente quiénes somos, e inconscientemente quiénes fuimos.

El desarrollo de la personalidad conlleva ciertos factores que provienen de la infancia y la adolescencia, que a su vez mantienen una ligera transformación progresiva a lo largo de nuestra vida en función de las causas, efectos, vivencias, experiencias, tropiezos, levantamientos, tristezas, alegrías, amor, desamor, apegos, codependencias y la lucha por el crecimiento personal, así como la forma en que fuimos criados y educados en el hogar.

En el transcurso de tu vida, te encontrarás con ciertas personas que harán vibrar tu alma, tu mente y cada partícula de tu esencia. Todas te harán feliz en su momento, conocerás el amor como los mismos colores del arcoíris y podrás llegar a pensar que será interminable, una etérea sensación de infinidades. Es muy probable que el dolor sentimental te atrape, pero estar preparado para afrontar las fisuras emocionales dependerá de tus armaduras inconmensurables.

Siempre tendrás nuevas oportunidades que le darán luz a tu vida, pero ten presente siempre que la luz se encuentra realmente dentro de ti, que de ti mismo dependes para sobrevivir al viaje único e irrepetible: la vida.

Las más grandes desolaciones generan una transformación radical en tu persona, procura que tu transformación sea meramente espiritual y que jamás llegues a ser lo que te hicieron por más abatido que puedas sentirte, ofrece la mejor versión de ti y verás cómo el mundo te devuelve a raudales la misma medida de amor que das.

Hay una historia detrás de cada persona, hay una razón por la cual son lo que son, no es tan sólo porque ellos lo quieren, algo en el pasado los ha hecho así y algunas veces es imposible cambiarlos.

Capítulo I
El Comienzo del Todo

Es desde la infancia que se forma la salud mental en la vida adulta y por ello la importancia de tratar con más amor el alma de los niños.

No hay lugar como el hogar, es verdad, no hay lugar como aquellos momentos en los que lo único que deseamos es salir a jugar con nuestros amigos, correr y gritar, darle ese gusto a nuestras curiosidades de descubrir todo aquello que nos entusiasma. Nuestro segundo mundo por el paso de la vida y en el cual no esperamos nada de nadie más que de mamá y papá.

Aquella infancia donde nuestro único pensamiento es divertirnos y nuestro único deseo es que llegue pronto nuestro cumpleaños, la navidad o el día del niño, con la esperanza de tener en nuestras manos aquel regalo que tanto queremos y que tanto hemos visto en los comerciales; esa sensación de tener en frente un pastel y soplar las velitas añorando uno o varios deseos que en ese momento nos llenan el alma y nos aceleran el corazón como una cascada cayendo a varios metros de altura, como un auto a toda velocidad o como un trueno avisando la inminente lluvia a punto de caer.

Todos tuvimos nuestros sueños, algunos totalmente diferentes de los otros niños y otros muy parecidos, pero hay uno en especial que todos tuvimos. Igual y lo quisimos tanto que en ese momento creímos sería una eternidad para poder llegar y hacerse realidad: el sueño de ser grande, de crecer y ser como los adultos que confundimos como personas felices y libres de hacer lo que quieren. Pensábamos que siendo grandes podríamos comprar todos los chocolates, los dulces, los refrescos y las galletas de toda la tienda, dedujimos que podríamos salirnos de la casa y regresar a la hora que quisiéramos, creíamos que ir a trabajar era chévere y que el dinero que ganaríamos podríamos gastarlo en todos nuestros gustos. Estábamos convencidos de que podríamos hacer y decir lo que añoramos sin que mamá o papá nos regañaran, o alguien nos dijera algo. Extraviamos nuestro momento de alegría, aquel presente por un futuro que hoy es pasado y del cual sólo pequeños fragmentos viven en nuestra memoria y podemos recordar con una sonrisa.

Todo en la vida es aprendido, lo que vemos, lo que escuchamos, lo que percibimos, absolutamente cada detalle que entra a nuestra vida del ambiente lo hacemos nuestro, como un sentido de pertenencia automática y que ahí guardamos de manera arraigada y profunda.

¿Cuántas veces trataron de convencernos sobre la existencia de un cielo y un infierno?, ¿de temerle a un Dios vengativo que nos castigaría por portarnos "mal" y por no venerarlo, como si se tratase de un Dios ególatra? Eso, lejos de fomentar el bien en nuestro sistema de creencias, sólo nos llenó de temor, de inseguridad, de dudas, de reprobarnos por nuestros actos y de andar por ahí con un sentimiento de culpa, que, aún en la vida adulta, llevamos sobre nuestra espalda.

¿Cuántas veces te dijo mamá o papá que eres tonto o que no servías para nada? ¿Cuántas veces esperaste afecto y un poco de atención de papá y lo obtuviste sólo en tu imaginación? ¿Cuántas veces te reprochaste a ti mismo lo que eras? ¿Cuántas veces te sentaste frente al televisor para sustituir el afecto que tanto te hizo falta?

Te diré algo, tú no eras culpable de nada porque no estaba en tus manos manejar ciertas situaciones ajenas a ti y aun así tuviste en tus manos lo que mamá o papá pudieron ofrecerte de acuerdo al nivel de consciencia que en aquel entonces poseían. El nivel de consciencia que poseemos las personas encaja con la madurez, al centro y el enfoque que sólo podemos ver en ese momento. Este nivel de consciencia es cambiante de acuerdo a la percepción que tenemos dependiendo de la situación, y, por ello, no podemos juzgar con simplicidad las acciones que cometemos, ni las palabras impulsivas que salen de nuestra boca, ni las intenciones de hacer o no hacer algo por alguien.

A veces cometemos el error de juzgar sin poder entender algunas cosas o no querer tan sólo aceptarlas. Lo que la sociedad nos ha querido meter a la cabeza es que si no se tiene una familia "completa" es entonces una familia "disfuncional", y hay quienes se compran tanto esa idea que hay tantas parejas siéndose infieles unos a otros, faltándose al respeto verbal y físicamente, corrompiendo sus propios valores y principios por mantener, a como dé lugar, a la familia "unida", creyendo que, manteniéndose unidos, los hijos serán felices y crecerán sanos.

Algunos crecimos en una familia de padres separados, donde mamá estuvo ahí siempre a nuestro lado y papá en otra parte, distanciado aunque intermitente en relación a sus hijos. Bajo esta situación, la probabilidad de una salud emocional para los hijos tiene buen pronóstico, aunque parezca difícil de creer, porque, como se dice comúnmente, el ser humano tiene la capacidad de adaptarse a todo. Y precisamente es así, los hijos se desarrollan en un ambiente natural en el que readaptan su forma de vida a lo que sus padres pueden ofrecerles, principalmente cuando están en un ambiente de tranquilidad donde mamá pone todo de su parte para cubrir las necesidades, tanto materiales como emocionales, y papá, si es un hombre de valor, pese a su distanciamiento, ofrece exactamente lo mismo que mamá. Pero si él es un hombre vacío que se fue para sí mismo, estoy seguro que mamá hizo el doble con todo el amor de su corazón para ti, para darte lo que aquel hombre se negó a sí mismo y con el tiempo probablemente entendió, y se reprochó, aunque algo tarde ya para ti.

Está en cada persona poder llegar a perdonar lo que consideramos los errores de nuestros padres, pero el perdón es un tema que mencionaré más adelante.

Por otra parte, hay quienes crecieron en una familia donde mamá y papá vivieron juntos, pero, a la vez, separados. Separados sentimentalmente, pero aferrados a la idea de mantener la unión "por los hijos". Este sacrificio lo considero el más absurdo y peligroso para todos los miembros de la familia, tanto para los padres como para los hijos, ya que en él se obliga a todos a vivir en un ambiente hostil y de constantes peleas, colocando a los hijos justo en el medio de conflictos permanentes y sin sentido de los padres, donde estos toman decisiones generalmente contrarias, y en un estatus de desigualdad y feroz monotonía. Generando angustia, ansiedades, estrés, temor y anomalías de condición emocional principalmente en los hijos. Cuestión alarmante, porque los trastornos mentales no sólo se nace con ellos, sino que se desarrollan también a raíz de situaciones donde nuestra infancia marca una diferencia letal para nuestras vidas, donde el manejo de los padres en su relación sentimental hace un eco en avalancha en los hijos, y en ese momento los pequeños no tienen el control de nada, sólo pueden abrazarse de su oso de peluche o su juguete favorito, refugiarse en la televisión o en la inmensa imaginación donde crean sus propios mundos para escapar a veces de duras realidades.

> «El niño expresa lo que los padres llevan en su interior y que ellos mismos no pueden expresar, con gran frecuencia él lo exterioriza a través de un malestar, pero también puede expresarlo con una magnífica salud.»
> Françoise Dolto - *La dificultad de vivir*

Hay quienes crecieron con mamá y papá juntos, y también juntos sentimentalmente, con sus problemas, como cualquier pareja, y manteniendo lo más importante: comunicación, confianza y respeto. Lo importante es meramente no juzgarse a sí mismo por no haber tenido lo que el otro tuvo, sino manejar las cosas de tal manera en que los padres tengan la madurez, el amor propio y el amor a sus hijos para ejecutar las cosas de tal manera que entiendan, que, para que sus hijos puedan estar bien, primero estén bien. Esto quiere decir que, si no estás bien con tu pareja y no ves opción alguna para resolver y sacar a flote de manera honesta y entregada la relación, entonces tomes la decisión de alejarte por tu propio bien y por el bien de los hijos.

Para los hijos también es importante que se les fomente el no desear lo que el otro tuvo, sino el enfocarse en hacer lo que pueden con lo que tengan y convencerlos de que aquellos mundos que crea en su imaginación son posibles, que puede crearlos en la realidad trabajando por ellos y teniendo fe a través del amor.

Ser mamá y papá es lo más maravilloso del mundo, es cierto, pero es una de las tareas más complicadas en la vida para quienes tuvieron el valor, la moral y sobre todo el amor de entregarse a sus hijos sin importar si los criaron juntos o separados. Tu mamá o tu papá se desveló cada noche por cuidar de ti, asegurándose que estuvieras respirando y arropándote cada vez que sacudías la cobija de tu cuerpo, pendiente de que tuvieras al menos tus tres comidas al día y tus colaciones, preparándote tu postre favorito o dándote el gusto de comprarte la golosina que más te gustaba, contándote un cuento antes de dormir y contemplándote mientras soñabas profundamente. Estuvo ahí para aliviar tus malestares, para defenderte cuando fuera necesario. Te enseñó a distinguir entre el bien y el mal, te enseñó a que si vas a llorar sea por un motivo, y a levantarte cada vez que caíste. Se rio contigo por cada ocurrencia que tenías, jugaba contigo aunque tuviera ciertos malestares o cansancio por tanto trabajar fuera o dentro de casa, estuvo ahí para enseñarte a volar a través de tu imaginación y dibujaron un universo en el aire que, aunque quizá tú ya lo olvidaste, te aseguro que ellos no.

Muchas veces el tipo de vida que se tiene en la actualidad depende de tu raíz, de tu pasado y de aquella infancia que fue inevitable controlar o influir para hacerla diferente (si es que hubo algo que no nos gustó).

Evitar los patrones de conducta que afectan nuestra vida está siempre en nuestras manos, aunque a veces esto se quiera adherir a nosotros como una maldición. Es importante evaluar de dónde venimos y a dónde queremos ir, reconocer a las personas que te dañan o las que nos generan un muy mal recuerdo con sus acciones o sus palabras. Así sabremos de antemano que nos encontramos ante un patrón de conducta a punto de ocurrir y debemos ser tan honestos como para evitarlo o alejarnos.

Hay quienes crecieron sin aquel esperado amor de padres, donde más que ser llenados de afecto, fueron tratados con frialdad y autoritarismo puro, esa tristeza la llevan en sus corazones y les cuesta trabajo mostrar sus sentimientos, pues tienen la sensación de estar mal o incorrectos, con cierto temor al rechazo y llevando consigo una baja autoestima que muchas veces les hace entrar en relaciones con personas lesivas, tóxicas y sin nada que aportarles. No son capaces de reconocer el amor que se merecen y se conforman con los limitantes que les dan como si se tratara de algo "normal", y cuando llega una persona que les muestra un mundo de amor distinto, de entrega y pasión, diferente al que están acostumbrados, simplemente no creen merecerlo e inconscientemente se engañan a sí mismas, y el temor a eso tan nuevo les hace desistir de manera que algunas veces prefieren vivir victimizándose bajo el refugio de sus verdugos emocionales.

Hay quienes vivieron en un ambiente lleno de amor y afecto, y aprendieron a dar la misma medida de amor que recibieron. Estas personas suelen empatizar con personas cálidas y abiertas, pero también suelen preocuparse por cubrir de más las necesidades del otro, especialmente la del afecto, y se proponen mostrarle encarecidamente el valor que tiene al otro. Suelen esmerarse en dar todo de sí para llenar al otro, con el único propósito de verle crecer emocionalmente.

Si bien es cierto que la personalidad se desarrolla a través del tiempo y las experiencias, sin duda la infancia es la etapa principal para quién eres hoy y cómo te relacionas con los demás. Tiene todo que ver en el cómo, por qué y a causa de qué eliges a tu pareja, y de qué manera sobrellevas tu relación amorosa.

Si fuiste un niño llenado de amor y afecto, entonces serás un adulto que ofrecerá lo mismo; si fuiste un niño al que, desde tu perspectiva, le faltó esto, probablemente te cueste mostrar tus sentimientos, sin embargo, no estarás limitado a aprender y soltar lo que llevas dentro de ti, todo ser humano tiene la capacidad de amar, nacimos con este don y hay que permitirle salir. Sólo depende de ti.

Ni el divorcio ni la separación son una tragedia. Tragedia es una relación que te hace infeliz, enseñarles a tus hijos un amor incorrecto, cobarde, mediocre, y enseñarles que hay que "aguantar" situaciones por el "qué dirán". Nadie murió por divorciarse o separarse, en cambio, el alma muere por permanecer con quien no ama. Cada quién elige conformarse, agachar la cabeza toda su vida, ignorarse a sí mismo y perder su esencia cada día, pero espero logres rescatarte y entiendas que sólo se vive una vez y las oportunidades se van para nunca volver. Lamentablemente, la gente cambia para mal y no queda más que dar espacio a la libertad y dejar de vivir en un engaño. Fracaso es jugar a la "familia feliz". Fracaso es engañar a tu pareja, a tus hijos y, lo más grave, a ti mismo. Fracaso es quedarse por conveniencia. Fracaso es manipular a tu pareja con los hijos. Fracaso es vivir una vida gris. Fracaso es no llegar feliz a tu casa cada noche. Fracaso es mendigar el amor de quién ya no te ama. Fracaso es fingir que amas. Fracaso es quedarse por miedo a la soledad. Fracaso es vivir con el miedo al "qué dirán".

Mi admiración y respeto a todos los que han tenido el valor de no vivir en el fracaso, que han decidido ser libres de su verdugo emocional y lo afrontaron todo por su felicidad sin importar lo que dijeran o pensaran los demás. Y, por supuesto, le aplaudo a quienes han logrado permanecer juntos sin hipocresías ni falsedades, sino por amor puro y constante. No vivas en el fracaso, vive donde tu alma vibra, tus emociones son crecientes y se le aporte vida a tus días.

Aliados

Tuve la bendición de crecer con hermanos que amo con todo mi corazón, en nuestra aventura por la vida hemos reído, hemos llorado, hemos gritado, hemos peleado, pero, al final, siempre logramos reconciliarnos.

La vida de hermanos marca tu legado a tal grado que aprendes a distinguir a tus verdaderos aliados, aquellos que son eternos y que, a pesar de sus diferencias, siempre tendrás a tu lado.

Son un amor único e inigualable, porque podrían dar la vida por ti sin que se los pidas, porque escucharán siempre lo que tienes que decir sin juzgarlo, pero eso sí, siempre te dirán lo que necesitas saber, sin rodeos ni tapujos, porque son ellos quienes te conocen como nadie y saben perfectamente quién eres y cómo funcionas.

Los hermanos, desde pequeños, se buscan para jugar y conocer el mundo juntos. Conoces la confianza y el amor a través de ellos. Juntos inventan historias increíbles mientras concilian el sueño y construyen escaleras directas al cielo. Se impulsan a volar y se protegen cuando uno cae, lo levantan y lo sacuden para volver a desplegar el vuelo.

Cuando crecen, suelen sufrir de ciertas brechas entre sus vidas, pues salen al mundo a conquistar experiencias ajenas a ellos, buscan identificarse con otras personas y, sin darse cuenta, comienzan a distanciarse.

Mientras pasa el tiempo, las diferencias entre ustedes se acentúan y discuten o pelean por situaciones aparentemente irreconciliables. Se gritan y algunas veces llegan a golpearse o a desearle el uno al otro hasta las siete plagas bíblicas sobre su espalda.

La inmadurez se postra sobre sus vidas y es imposible ver más allá de sus narices. Inevitable lidiar con tan incesantes problemas que van más allá de lo práctico y retórico, eligiendo soslayar su hermandad y olvidando con facilidad aquellas vivencias que tanto llenaron su alma de vida y felicidad. Hay quienes, después de una vida adulta, no han podido soltar y dejar atrás lo que realmente no vale la pena guardar.

Eligen andar por su vida con esa espina clavada, drenando gotas de orgullo, resentimientos irracionales y sus lógicas insustentables. Anteponen sus tontos principios de jugar a ser más fuerte y no mostrar debilidad por creer que ceder a hablar y a arreglar las cosas los puede hacer ver frágiles o sentirse humillados.

La realidad de las cosas es que somos lo que pensamos, si piensas que eres frágil por ceder, pues sí, eres frágil, pero no por ceder, sino por no tener el carácter para arreglar las cosas, porque ser maduro es aceptar los errores que cometes y aceptar que el otro es igual de imperfecto que tú, que nada vale lo suficiente como para alejarte de uno de tus primeros aliados de vida, aquel que estuvo ahí en tus mejores y peores días.

La vida adulta le da la razón a la hermandad y al amor fraternal de un vínculo eterno. Cada quien a su medida, en sus sentires, en su forma de demostrarlo, algunos más cálidos y otros más fríos, pero el amor y el valor hacia los hermanos es eterno.

Los amigos son una maravilla, aunque a veces los podemos contar con una sola mano, pero los hermanos han sido, son y siempre serán, tus más grandes aliados.

Los amo hermanos.

Lleva contigo a tu niño interior, pero evita al niño atemorizado, desvalorado y resentido. Mantén al alza a tu niño soñador, aquel que volaba y construía castillos de arena y universos brillantes con lápiz y papel, aquel que se inventaba historias con sus juguetes y contemplaba sus deseos con tal añoranza que su corazón irradiaba su propia luz a través de sus ojos; aquel pequeño que jugaba bajo la lluvia y no le importaba brincar sobre charcos, disfrutando de ensuciarse mientras se pintaba en su rostro aquella sonrisa tan llena de júbilo, tan llena de amor y tan llena de pasión.

Proyecta en tu presente aquellos recuerdos de felicidad y vibra por todo aquello que pudiste sobrellevar, proyecta un eterno triunfador que ganó a grandes batallas siendo tan pequeño, porque te demostraste que tus primeros logros fueron vencer aquellos conflictos que parecían aplastantes y saliste victorioso y hoy, en el aquí y el ahora, estás ahí, tan lleno de vida y oportunidades, con una armadura sólida para confrontar tus retos por más mínimos o grandes que sean. Utiliza tu pasado para no repetir lo que te hizo daño ni permitir que siga perturbándote y deséchalo, libérate de ello y continúa tomado de la mano de todo lo que enciende tu alma. Ahí se encuentra tu niño interior, latiendo dentro de ti, tan sólo enfoca y mantén tu rumbo hacia el alzamiento afectivo.

El día en que te conocí tan solo te reconocí, porque ya llevaba vidas pasadas viviendo junto a ti. No éramos nada pero tú me hacías sentirlo todo y si no te tuviera a ti, entonces no tendría nada. No sé qué hice yo, pero seguramente estuvo Dios en la ecuación, porque difícilmente ángeles como tú abrazan a mortales como yo. Sólo pido una cosa al supremo, sólo una al universo: que seamos siempre dos para el mundo entero y nos sigamos eligiendo sin importar el estruendo. Que todos nuestros días sean tardes de boda y todas nuestras noches sean lunas de miel.

Capítulo II
El Alzamiento Afectivo

Los tres amores

E xisten varias teorías sobre el amor. La ciencia dice que es un estado bioquímico en el que nuestro sistema nervioso central segrega grandes cantidades de dopamina desde el hipotálamo, cuya manifestación es puramente fisiológica, y que esta condición mantiene su estado de seis a dieciocho meses regularmente. Pero, ¿qué sucede después? Nace el amor puro, el amor maduro, centrado y formal, en el que la idealización del otro termina. La decisión de algunos es terminar con todo para renovarse en otro lado, la de otros es permanecer renovándose con quien tienen a su lado de manera equitativa y funcional.

Lejos de teorizar, no hay nada mejor que entrar al terreno de lo práctico y que podamos indagar en experiencias similares de quienes han vivido distintos procesos amorosos.

Hablemos claro, en cada capítulo desenmascaremos las cosas de raíz y siendo precisos.

Dicen que en tu vida sólo tendrás tres grandes amores:

El primer amor

Es el que llega en tu adolescencia, el que inevitablemente todos vivimos. Aquel primer gran amor que nos estremeció como un relámpago rompiendo cada fragmento del tiempo y el espacio, aquel que, al sentirlo, desarticuló tu cuerpo, alteró tus pensamientos y te hizo sentir las alas de miles de mariposas volando en tu interior, haciéndote sentir tan confundido pero tan agradecido por tan intensas emociones que provocaba aquella persona que en este momento tenías ahí, en tu mente, como un profundo recuerdo.

El primer amor nos enseñó nuevas emociones, nuevas sensaciones y el cómo despertar a su vez nuestro deseo sexual a través de tomarse de la mano, de los besos, las caricias, el romance puro como salido de una película, y el querer estar la mayor parte del tiempo con esa persona. Pudimos sentir timidez a pesar de la confianza, inseguridad a pesar del refugio, y nostalgia a pesar de tenerla justo a un lado de ti, atemorizado de perderlo y deseando que jamás pudieran separarse, y hasta creaste una vida entera a su lado.

A todos nos surgió el romanticismo y la creatividad para sorprenderle y demostrarle nuestro amor. A los hombres nos dio mucha pena caminar varias calles con un ramo de flores para ir a ponerlo en sus manos, y creo que eso formó parte de nuestras primeras batallas por el amor hacia alguien; como el tener que llegar a su casa, tocar la puerta y preguntar por ella, esperando la probabilidad de ser corrido, insultado o golpeado, ideando todo tipo de planes para verla y estar, aunque fuera un momento, con ella. Persuadimos a su papá o su mamá para evitarnos un problema, y cada situación con ella nos llenó de adrenalina, la cual era el ingrediente que se combinaba con aquel sentimiento.

Los que nacimos antes del año 2000 tuvimos alternativas de comunicación bastante limitadas y complicadas, porque sólo dependimos de nuestros cojones para levantar el teléfono de nuestra casa y llamarle a la suya, confrontado al papá disgustado o a la mamá protectora o al hermano celoso o a la hermana indiferente.

Las mujeres tenían que idear la forma de salirse, conseguir el permiso de mamá o papá con la ansiedad al tope conforme más se acercaba la hora en que llegaría él a tocar su puerta. Eso si corría con la suerte de tener aquel permiso, porque si no era así, el recurso inmediato era "pintearse" de la escuela o robarse un tiempo entre la escuela y la llegada a casa con una buenísima excusa por delante.

En esa etapa adolescente, era difícil para las mujeres tener el permiso de sus padres para tener novio. A muchas les costó mucho lidiar con sus sentimientos y la adversidad que se imponía a aquel deseo por formalizar una relación con el título de "noviazgo". Algunas tuvieron que esconder su relación y fueron estratégicas y bastante creativas para ganar tiempo de salidas y lugares para verse con su amado, otras que podían conseguir el tan añorado permiso y esperaban con ilusión a que el novio llegara a tocar su puerta para verse un par de horas. Ese es un gusto que podremos recordar con cierta alegría, porque en la actualidad es difícil de ver eso de "echar lío", como le llamábamos.

El primer amor nos enseñó a querer, a llenarnos de ilusiones y romper con todos los hielos del mundo al combatir contra lo tempestuoso y lo improbable sólo por compartir momentos de felicidad con esa persona que nos hizo conocer aquel sentimiento tan nuevo, tan único y tan pasional.

El segundo amor

En este amor las cosas ocurren con cierta madurez y más ilusiones a medida en que permites que entre más en ti.

Es un sentimiento que reconoces porque ya lo habías vivido antes, por el cómo te congelas con tan sólo ver a esa persona, pues emergen las mismas reacciones fisiológicas y emocionales, las mismas alteraciones en tus pensamientos y aquel deseo de verle a diario que ocupa todo el tiempo de tu día dentro de ti.

Manejas este amor desde cierta perspectiva y aseguras firmemente que no terminará jamás como ocurrió con el primero. Te dices a ti mismo que este no será igual porque ya aprendiste de los errores del pasado y te prometes no repetirlos una vez más. Te convences, por todos los medios, de entregar todo de ti para que esa persona sea la más feliz del mundo, te enfocas en demostrarle, y demostrarte a ti, que el amor para toda la vida existe y tu entrega será para que lo suyo dure hasta el final de sus días.

Este autoconvencimiento es el mismo que te da el mayor dolor de tu vida cuando todo termina. No es la persona quien te lastima, es tu expectativa sobre esa persona la que hunde tus propias ilusiones, es la codependencia que desarrollaste durante ese tiempo y es la negación de estar repitiendo una vez más aquello que algunos llaman fracaso; es el haber esperado mucho más, o al menos lo mismo, de lo que tú le ofreciste.

El segundo amor te enseña el dolor y te aferras a él sabiendo muy dentro de ti que no es para ti, pero te empeñas a soportarlo todo, a luchar hasta el cansancio porque nada te puede quitar de la cabeza que tienen que durar para siempre, como si le estuvieras fallando a tus propias promesas, teniendo esa sensación de fracaso y derrota, ese pensamiento inevitable de que posiblemente fuiste tú quien hizo mal las cosas, ese querer aferrarte a cambiar todo para mantener a flote esa relación que dejó de existir probablemente desde antes de que lo imaginaras.

El segundo amor te enseñó a madurar y a acercarte aún más a tu propio centro cuando te topaste contra un muro imposible de atravesar. Te dio una de las lecciones más grandes de tu vida cuando llegó aquel final inevitable y te otorgó las herramientas necesarias para forjarte la mejor de las armaduras y salir al mundo a combatir una de las batallas más grandes de tu vida: la batalla contra ti mismo.

El tercer amor

Este es el amor que te toma por sorpresa, el que llega sin que lo hayas pedido o buscado y, por algún motivo, llega justo cuando más lo necesitas y menos lo esperas. Te hace sentir enormemente confundido y mantienes tus reservas ante él, porque tu nueva armadura te llenó de dudas y limitaciones, pero hay algo en esto que guarda un misterio sombrío pero atenuante. Encuentras en él la paz y tranquilidad que habías perdido hace tiempo, aprecias a simple vista un refugio cálido que te hace sentir protegido/a.

Te dejas llevar sin generar aquellas expectativas, te permites ser tú, dejando que cada paso marque la pauta a lo sorpresivo y espontáneo, fusionas tus pensamientos y tus emociones acompañado del ingrediente de la madurez y la perspectiva, abres tu alma antes de que tú mismo lo decidas porque el amor ya decidió por ti y, cuando menos lo esperaste, ya te había consumido en cada fragmento y cada partícula. Ese amor te sacó las mariposas del estómago para que te volaran en la cabeza y te obsequió la alegría, encendió tu alma, alumbró tu corazón y te curó la pesadez y las cargas que llevabas sobre tu espalda. Te arrancó poco a poco las dudas y apagó tus miedos mientras alumbró tus ideas sobre nuevas utopías.

Descubres que existe una gran brecha entre el tiempo con alguien y la esencia de la persona, que, aunque hayan tenido una relación de años, si acabó tuvo motivos que sólo tú conoces y que ahora está alguien dispuesto a curar las heridas de tus guerras sentimentales. Esa persona llegó para mostrarte un mundo diferente que juraste era inexistente.

El tercer amor es el que llega para enseñarte y darle vida a tu vida, el que te muestra que no estabas averiado/a como lo pensaste. Es el que vino a ti para liberarte de tus demonios y luchar hombro con hombro, siempre a tu lado, y está dispuesto a demostrártelo en sus acciones y no sólo en sus palabras. Es el verdadero amor de tu vida.

Inspiración

El hombre enamorado

Es aquel que te amará tal cual eres, besará tus heridas, aliviará tus malestares a través de unas palabras bondadosas y sin juzgar tu pasado. Te escuchará atentamente para buscar soluciones y aportar lo mejor de sí para ponerlo en tus manos.

Ese hombre amará cada detalle de tu existencia y no dejará duda alguna de ello porque cuando un hombre ama se asegura de que lo sepas y, como un lobo hambriento, busca a toda costa la oportunidad de demostrártelo con todo lo que tenga en sus manos.

Tendrá la voluntad de simplemente hacerlo bien, lo mejor que pueda, y créeme que no tendrá ojos para nadie más porque serás tú quien llene de luz su alma y entenderá que no eres perfecta. Sabrá que tu mente y tu cuerpo tienen su historia y no le importará en absoluto. Nunca querrá cambiarte, pero sí mejorar los defectos que no te gustan de ti misma y empezará por amarlos aunque tú los odies. Caminará a tu lado y se recostará a tu costado cuando te sientas frágil para atender tus necesidades.

Te hará su prioridad y, de vez en cuando, le hablará a tus demonios para convencerlos del paraíso que existe en ti y que ahora ese paraíso existe en él, y así puedas hacer las paces contigo misma para que sueltes las cargas que llevas en tu espalda. Te hará sentir la mujer más segura y protegida porque ese será el reflejo de su vitalidad.

El hombre que te ame así, no te obligará a hacer algo que tu no quieras. Recorrerá cada centímetro de tu cuerpo y lo apreciará como si tuviera en frente la obra de arte más hermosa, brillante y delicada del universo. Se emocionará con tus fantasías más ocultas y entrará al juego de la seducción porque eres tú y nadie más.

Te contemplará mientras duermes y pensará que eres lo más bonito del mundo, te amará mientras te mira distraída porque es justo ahí cuando estás en tus momentos más íntimos y de reacciones involuntarias.

Se volverá loco si te ve en short o un pantalón flojo, con sandalias, mal peinada y sin una gota de maquillaje. Serás la más hermosa en esa pijama y vibrará al verte desnuda, deseando no salir del cuarto porque provocarás en él la libido más destellante.

Serás igual de bella así y con aquellos vestidos cortos o largos de noche, con aquel cabello planchado, con esos tacones altos y aquel maquillaje caro. Estará enamorado de todo eso porque, si se enamoró de tu personalidad, créeme… se enamoró de todo.

La mujer enamorada

Es aquella mujer que te entregará su tiempo, sus atenciones y te dará tu lugar bajo cualquier situación o circunstancia. Les hablará de ti a las personas en quien más confía porque se sentirá orgullosa del hombre que eres. Apaciguará tus impulsos y problemas a través de una dócil voz y te acompañará en tus silencios tomándote de la mano y acariciando tu rostro. Abrirá su alma para nutrir la tuya y te compartirá miles de historias para alejarte del aburrimiento.

Te abrazará sin que se lo pidas y algunas veces te sorprenderá con besos espontáneos. Te escuchará con atención y se entusiasmará por cualquier cosa que le platiques, no por lo que es, sino porque se trata de ti y de lo que te gusta y te apasiona.

Esta mujer no tendrá una milésima de duda de lo que siente por ti y lo apostará todo por estar a tu lado. Reconocerá las dificultades y los posibles escenarios en contra de su relación, pero no habrá temor que la haga retroceder, defenderá su postura ante todos porque le será mucho más importante su sentir que lo que piensen los demás.

Será honesta, respetuosa y leal a sí misma, a ti y a lo suyo, serás una de sus prioridades y hará todo lo posible por siempre comunicarse con claridad cuando las cosas se pongan difíciles.

No tendrá ojos ni cabeza ni corazón para nadie, excepto para ti. No cabrá una sola gota de prejuicio hacia tu persona y, al contrario, alentará tus debilidades para fortalecerlas y pulirá tus talentos para que llegues al éxito que tanto buscas. Evaluará lo que más te conviene sin esperar nada de las siembras que logres cosechar.

La mujer enamorada no esperará lujos de ti, ni mucho menos que le des lo que ella puede darse a sí misma. Ella sabe que de un hombre no necesita ninguna materialidad, que lo único que quiere de ti es tu atención, tu interés, tu respeto, tu aliento, tu apoyo moral, que le des su lugar y que la hagas volar.

Ella te amará por el hombre que eres y caminará contigo hombro a hombro sin importar las posibles caídas que puedas tener, y apreciará cada detalle, cada palabra y cada acción que venga de ti, porque cuando una mujer se enamora lo hace desde el fondo de su alma y a veces dejando un poco de lado la suya para completar la tuya.

Las palabras y los pensamientos que emergen de nuestro interior, en realidad, no nos pertenecen a nosotros, le pertenecen siempre a la persona que las inspira.

Si en tu vida has tenido la oportunidad de amar a alguien, entonces has tenido una de las más sublimes degustaciones de la razón de tu existencia, porque hacernos de materiales o dinero o títulos universitarios o propiedades, o todo aquello que regularmente el ser humano añora, no genera los mismos efectos en tu sistema emocional como cuando se está enamorado.

Ese sentimiento incomparable de amar por todo lo que es esa persona, querer conocerle por completo sin importar si hubo alguien más en su pasado, porque lo que importa es vivir su presente ideando un futuro a su lado. Creo que no hay nada que se compare con eso porque, a partir de ese momento, tu vida ya no es la misma: desde que comienzas tu día al despertar y es él/ella en quien pienses primero, quieres saber cómo se encuentra, qué tal va su día, estar en contacto y perder el suelo con tan sólo verle, irte a tu cama a dormir y, mientras concilias el sueño, crear un montón de historias a su lado.

¿Cómo puede volverse el gusto de esa persona nuestro propio gusto?, entusiasmarse al saber que su bebida favorita es el vino, una buena calidad de quesos, o el rojo su color favorito, saber que su música preferida es la menos común y comercial, con músicos que no pueden ni hablar, complacerse emocionalmente indagando en qué le gusta tanto y qué no: aquel sorbo de un buen café americano sin azúcar, ese peculiar gesto en su rostro que se dibuja o se desdibuja cuando algo le gusta o le disgusta, su amor por la lectura y esa artista pintora que tanto admira, compartir su gusto por los bosques y la naturaleza, por una precipitosa lluvia que no le asusta pero que disfruta, conocer que algo tan delicado como el pasto le causa alergia o saber que no cualquier cosa le sorprende, pero le enamoran las atenciones y cálidas palabras que le transmitan amor, paz y seguridad.

Conócele tanto que, si ella misma olvida lo mucho que le gusta eso que le hace vibrar, tú estés dispuesto a volverle a despertar.

Es increíble cómo el amor hacia alguien tiene la capacidad de reinventar a las personas. Por más duro o frío que pueda ser alguien, todo eso se derrumba como un edificio en implosión con tan solo ver a esa persona que acelera su corazón, de hecho, con tan solo escuchar su nombre podemos emocionarnos porque nos condicionamos ante él/ella como el estímulo y a nosotros como respuesta.

Es fascinante el surgimiento de emociones crecientes ante el atropellamiento de este mítico sentimiento llamado amor. En esa condición, somos capaces de todo con tal de hacerle ver a esa persona lo que sentimos y estamos realmente dispuestos a lo que nunca imaginamos por verle feliz y entregarle nuestro afecto.

Cada quien tiene su estilo, por supuesto, algunos más herméticos y otros tremendamente apasionados y "cursis". El hecho es que una persona enamorada puede llegar a desconocerse a sí misma por actos que jamás pensó hacer en nombre del amor. Pero una persona consciente de su sentir y del manejo de sus acciones suele ser más enfocado en la conquista y la entrega.

Todos encontramos inspiración a través del amor. Ese ingrediente mágico que nos eleva a un dominio superior, a nuestros impulsos irremediables. Una creación orquestada por un sentimiento provocado por otra persona que se rige bajo la pasión voluntaria e involuntaria.

El buen amor es aquel que posee aquellos factores que todos esperamos como un centro de funcionalidad, lealtad, confianza, respeto y comunicación, pero hay algo más en esto que viene como una expectativa natural: la equidad afectiva.

La equidad afectiva juega un papel fundamental en aquella relación que con el tiempo nos define como una pareja funcional y exitosa o una pareja disfuncional y en picada, próxima a la inminente separación. Este factor surge de una necesidad individual que generalmente guardamos en silencio u ocultamos con timidez, o temor, cuando tenemos la sensación de estar entregando más de lo que recibimos a cambio, y es que, con el tiempo, nos enseñaron a dar sin esperar. En algunos casos estoy de acuerdo, pero, en cuanto a una relación amorosa, estoy en un total desacuerdo puesto que una relación es de dos y todo se construye entre ambos desde el comienzo.

La equidad afectiva es exactamente lo mismo a dos personas jugando al ping-pong: uno le lanza al otro la pelota con entusiasmo y espera la pelota de regreso; si no llega de vuelta, lanzará muchas más, pero si después de todas esas sólo recibe las mínimas de vuelta, o ninguna, llegará el día en que su entusiasmo se pierda, se canse de tener la sensación de estar jugando sólo y desee jugar con alguien más que sí esté dispuesto a regresarle la pelota.

En una relación, quien da sin esperar nada a cambio se convierte en un sumiso afectivo, la equidad se pierde y el tiempo agota al sumiso, dejándolo a la deriva de lo que considera merecer.

No hablo de cuestiones materiales sino de atenciones para enlazar los actos con las palabras. Aquel que da lo hace por decisión y da el mismo amor al otro, su efecto natural es ése y, sin importar las dificultades y diferencias que puedan tener, se toma un momento para respirar profundo y continúa hacia adelante porque se supone que ese amor es más grande que cualquier otra cosa. Y si no es así, revalora el sentimiento hacia el otro y se evita dañarle teniéndole en un mundo de incertidumbre y dudas.

¿Qué se requiere realmente para una relación funcional? Son dos puntos clave que los dos tienen que estar dispuestos a entregar o, con el tiempo, pulir y trabajar.

Lealtad

Este término define la forma en que nos comportamos cuando no estamos frente a nuestra pareja, cuando somos evaluados por nosotros mismos ante situaciones impulsivas.

Porque de aquí se desprenden líneas de unión o separación que ponen a prueba el amor de tu pareja, donde los conflictos no trascienden ni emanan hacia otras personas, ni colocan a su pareja en una situación de riesgo.

Reciprocidad

Si das afecto, es importante recibir afecto, o inevitablemente irás disminuyendo lo entregado y todo terminará.

Porque si eres sexualmente entregado y complaciente, mereces recibir lo mismo o lo notarás como egoísmo, lo que te hará reprimirte y todo terminará.

Porque si eres económicamente solvente y suelto en cada cita, así como en salidas, estarás no sólo gastando dinero, sino entregando el tiempo y el esfuerzo que invertiste en ganar ese sueldo y por lo tanto mereces un apoyo, aunque sea ligero y de vez en cuando igual, como muestra de una real equidad también en los gastos; porque si no lo disminuirás y con el tiempo todo terminará.

Si dices "te extraño" o "te amo" y el otro no dice lo mismo, la energía se pierde. Si das un abrazo muy fuerte y el otro no lo sostiene, la energía se pierde. Si cocinas algo rico y al compartirlo con amor el otro no lo ve ni lo agradece, la energía se pierde. Si quieres expresarle amorosamente y el otro no te comprende o lo evade, la energía se pierde. La energía debe fluir libremente como un espiral ascendente, pero si esto no sucede habrá irremediablemente un derroche energético y lo más evidente será que te sientas triste, cansado e impotente. Por lo tanto, procura siempre rodearte de seres con alma pura, seres que se esfuercen sin ataduras, que te permitan ser tú mismo/a; seres que sepan lo que vales y reflejen el mismo sentido de interés, pues en la equidad afectiva se sostienen avalanchas emocionales.

No le enseñes a tu pareja cómo ser tu pareja, no le pidas que te presuma, no le pidas que te envíe un mensaje de texto o te haga llamadas telefónicas, no le pidas que se preocupe por ti, no le pidas que te traiga flores ni que sea detallista, no le pidas que planifique fechas y mucho menos ruegues por amor o afecto. La pareja adecuada hará cualquier cosa por ti porque le nace y le inspiras eso, no porque se lo pidas.

No todo el tiempo tenemos la oportunidad de encontrarnos con alguien especial que alumbre nuestro corazón y nos haga vibrar con tan solo su presencia. No te sorprendas cuando esta persona llegue a tu vida, si llegó es porque te la mereces y en vez de alejarte y tomar tus distancias, mejor indaga y, a partir de ese momento, sé la musa que representas para él, su compañera de vida y su fuente de inspiración.

Si quieres conocer realmente a una persona, muéstrale tus miedos y tus sueños. Si es la indicada para ti, sabrá qué hacer con ellos.

La única excepción

El amor está diseñado sólo para los valientes porque aquel que no esté dispuesto a entregar todo de sí por temor a ser herido, o por el pavor a perderlo, debería tener más miedo a vivir pensando en lo que hubiera sido, a no haber luchado por ello con honor y pasión.

¡Por eso, inténtalo! Arriésgate porque vale más equivocarse por atrevido y ¡no por precavido! Que nunca llegue a ti el día en que mires hacia atrás y te preguntes a ti mismo: ¿por qué no lo intentaste todo?, ¿por qué no dijiste aquello que sentías?, ¿por qué dejaste ir con tanta facilidad a alguien que querías?, ¿por qué te ganó el orgullo o el miedo? Nadie merece llevar esa pesada carga que aqueja por un largo tiempo o por un vida entera. Por eso, el amor que estás dispuesto a entregar, debes entregarlo completo y sin complejos, firme y sin titubeos, limpio y equitativo y justo así, si algún día todo termina tú podrás sobrellevarlo mejor aún, porque habrá algo dentro de ti que te dará cierta calma al decirte que diste todo de ti, que amaste sin frontera alguna, y tus palabras y tus acciones hicieron de esa persona alguien más renovado/a y más construido/a; te irás con dignidad y sin remordimientos porque al menos le habrás enseñado a esa persona a amarse a sí misma y le habrás enseñado, con lo que pudiste, lo que debe esperar y se merece del amor. Y, por favor, no cometas el error de no decir lo que sientes, sea lo que sea, porque todo aquello que nos tragamos nos termina ahogando y enfermando.

La única excepción hace que no mires de cierta forma a cualquiera, que no confíes en cualquiera, que no creas en cualquiera, que no seas romántico/a o afectivo con cualquiera. Podrás encajar físicamente con quien sea, pero el alma no sonríe ni ama ni vibra por cualquiera.

No llegues al día en que puedas reprocharte el no haber tenido el valor de decir lo que sientes, que no llegue el tiempo en que te reclames haber elegido irte por "la puerta fácil" y tengas que vivir no con un nudo en la garganta, sino con un nudo en el alma.

Hay quien se convierte en nuestra única excepción, quien llega a nuestra vida y revoluciona todo nuestro sistema de defensa, llega a corromper nuestras propias reglas que sucumbían a nuestras penas del pasado y llevábamos como un llavero colgante.

La única excepción se vuelve nuestro único remedio, la sanación para nuestros auto-bloqueos. Aterriza en la intemperie de nuestras emociones y agita nuestros sentimientos más herméticos. Nos arranca esas ideas firmes de no entrar al juego del que un día salimos heridos y así de la nada nos hace olvidar que estuvimos hundidos.

Conviértete tú en la excepción de alguien tratando a esa persona con un profundo amor, un claro respeto y una ferviente atención. Hazle saber lo que piensas, lo que sientes y pretendes, siempre con honestidad y verdad, porque nadie sabe leer lo que los otros piensan o sienten. Aprende a comunicarte y a ser directo para evitar malentendidos y confusiones innecesarias. Hay personas que ya tienen suficientes dolores y traiciones, así que, si vas a hacer algo, hazlo entregadamente y sé la excepción en su vida y no otra decepción más.

Hay quienes han sido programados a cierta medida de amor, dependiendo de las relaciones que han elegido en su vida. Debemos tener en cuenta que la persona que elegimos tener a nuestro lado es el reflejo del amor que nos tenemos a nosotros mismos, que el amor propio es lo primordial porque si en ti existe amor podrás dar amor, porque nadie da lo que no tiene ni para sí mismo.

Hay que entender que definitivamente las personas no son perfectas y que en ello radica la perfección que tú le encuentras, aquellas piezas que le entregas de ti para que pueda construirse por completo. Alguien que te impulsa de esta manera se ha convertido sin duda en tu única excepción.

Conquista su corazón, que querer conquistar su sexo cualquiera puede hacerlo. Interésate por lo que piensa, que interesarse por su cuerpo, cualquiera. Enamórate de su alma, que querer enamorarse de su cama, cualquiera. Conviértete en la excepción, que esto no lo consigue cualquiera.

Haríamos lo que hiciera falta sólo por la felicidad de aquella persona.

Destino o casualidad

«La vida es muy corta como para amarte sólo
en una, prometo buscarte en la otra vida.»
Frase atribuida a William Shakespeare

Dicen que las personas se cruzan en nuestro camino por un motivo, algunos lo llaman destino, otras le llaman casualidad y algunas otras causalidad. Ese alguien llega a tu vida por efecto de una causa y si llegó a ti es por un motivo y dependerá de ti, entonces, el tomarlo, pulirlo y conservarlo.

Según una leyenda oriental, existe un hilo rojo que conecta a aquellos que están destinados a encontrarse en su camino. Sin importar el tiempo o el momento, el hilo logra conectar aquellas dos almas de tal forma en que ambos se den cuenta al instante de la diferencia en su sentir, comparado con otras personas. Este hilo rojo que los une de meñique a meñique posee el misterio de estirarse hasta cualquier distancia, y, sin importar las dificultades y los motivos de su separación, jamás se romperá, manteniéndolos unidos el uno al otro en ésta, y en otras vidas.

Algunos atañen la teoría de la reencarnación a este vínculo, como que ya en otra vida habían coincidido y se conectaron de tal manera que en ésta vida, el destino hizo su jugada y los unió de nuevo el uno al otro. Aunque no hay evidencia comprobable, hay algo dentro de ti que te lo reitera cada día que pasa, y mientras más le conoces, más veracidad le das a lo que parecería imposible.

Hay quienes creen en el destino y a su vez creen en el libre albedrío, eso, honestamente, es lo más contradictorio que he escuchado. ¿La vida tiene preparado tu destino? Si crees en eso, entonces no tienes más de que preocuparte, pues sucederá lo que tiene que suceder hagas lo que hagas. Si crees en el libre albedrío, entonces empieza a poner manos a la obra y fórjate tu propio camino, deja de sólo quejarte de lo mal que te va en la vida y deja de culpar a los demás o de culpar al mismo Creador, porque nadie es responsable de tus actos ni de las decisiones que te llevaron a tomar esos actos. Cada acción y cada palabra posee una respuesta, una consecuencia que no es buena ni mala, tan sólo es un mero resultado. Nada está definido y si no te gustó aquel resultado, entonces trabájalo y mejóralo con todo tu amor, pero, si haces todo y no le ves brillo alguno, entonces tómalo y arrójalo por la borda, enfoca y comienza de nuevo las veces que sean necesarias hasta que el resultado te dé paz. Busca soluciones a tus problemas y acciona para encontrar siempre salidas para ti o para quien quieres que te acompañe en la vida.

La casualidad es cuando dos personas se encuentran y ni siquiera se estaban buscando, cuando se topan de frente y sin darse cuenta comienzan el inicio de una historia para su vida y sólo de ellos dependerá el grado significativo que tenga.

Si alguien llega a tu vida es por un motivo, quizá sólo vino a enseñarte o a aprender de ti, quizá llegó a tu vida para dejarte una visión y no una herida. Hay personas que llegan sin avisar y deliberadamente nos ayudan a formar nuestro carácter, revolucionan nuestros pensamientos, alteran nuestras emociones, siembran paz y armonía, equilibran nuestro mundo y tocan nuestra alma dejándonos un amor eterno.

Hay una causalidad en por qué llega, probablemente llega en el momento en el que más le necesitas y, si tienes lo mismo para ofrecerle, sabrás que no habrá dudas en quedarte a su lado, si no es así, por favor nunca le hagas daño a quien ofrece lo mejor de sí para dártelo a ti, porque eligió hacerlo por ti y para ti, para nadie más.

Las causas por la cual nos encontramos con ciertas personas las reconocemos cuando se presentan, ignoramos los motivos eligiendo voltear a otro lado, pero la causa del encuentro se entromete en tus pensamientos, indaga en tus sentimientos y fluye a través de tus emociones y tus actos. La causalidad existe, te dirige y acentúa cada vez más los motivos de su presencia.

Soy un hombre de ciencia, escéptico de lo esotérico, lo mágico y lo místico, pero un acto de amor ocurrido con mis abuelos me rompió todo esquema y todo paradigma. Su última enseñanza a toda mi familia desequilibró toda proporción del sentido común y el uso de la razón. Nos impactaron a una escala no sólo sentimental, sino a una donde las posibilidades rompieron con toda teoría universal y a una escala espiritual. No sólo les aprendimos en vida, sino también en muerte, en ese espacio donde no transcurre el tiempo, donde las almas se separan del cuerpo pero se unen al hogar, donde el amor y la paz les ofrecen la tranquilidad en la eternidad, la estancia perfecta, que no podemos observar pero podemos sentir, un lugar que no logramos entender ni explicar pero en algún momento podremos compartir.

Eran la pareja perfecta, un matrimonio tradicional y conservador con el potencial más grande de amor. Él, un hombre de carácter, de fortaleza, protector y líder. Ella, una mujer amorosa, cálida y desbordando nobleza. Tenían 11 años de diferencia, pero lograron, con sus 9 hijos, la más grande proeza. Llevaban consigo mismos tanto amor que hasta a los nietos llamaron hijos, no hacían diferencias entre ninguno, siempre entregados y pendientes de cada uno.

El destino los unió y el mismo destino claudicó...

Los años los alcanzaron como es inevitable, fueron cuatro infartos los que atentaron con la vida de mi abuelo, pero su mujer lo necesitaba aquí y entendió que no era su momento. Jamás vi a alguien aferrarse tanto a la vida, luego entendí que su propósito iba más allá de lo que cualquiera imaginaría: no dejarla sola y tenerla cada día, él siempre supo que sin ella no se iría.

Compartieron 68 años de vida, permanecieron juntos sin importar los conflictos de una rutina. La enfermedad los sacudió y poco a poco se desmoronaron, enfrentaron los padecimientos sin soltarse de la mano. Mi abuela sufrió de una enfermedad que la llevó a la cama del hospital, pasaron semanas, las cosas se complicaban y era difícil que pudiera regresar. Mi abuelo esperaba en casa, con la tristeza desbordada, acompañado de sus hijos intentando persuadir el sentimiento de soledad al no tenerla cerca.

Él habló con una de sus hijas, la que llevaba el nombre de su amada esposa. Fue directo y puntual, le dijo lo que tantas veces repetía, que, sin ella, él ya no viviría, que no sabría qué hacer con sus días, que sin su "chaparrita" su todo terminaría. En esa charla precisó, que, si es él quien se fuera primero de la vida, regresaría por ella y la llevaría a su lado, donde el dolor termina, donde la alegría renace y la separación no existe.

Él fue al hospital uno de esos días y, ante su dolor de verla confundida, le dijo que la amaba, agregó algo que hoy analizamos porque venía con un detalle que en ese momento todos ignoramos, él le dijo "ya vámonos" "te espero en casa, chaparrita".

A los pocos días, mi abuelo sufrió de un dolor en el pecho, un malestar que él conocía y sabía que era algo serio. De inmediato dos de sus hijos lo llevaron a urgencias del mismo hospital donde se encontraba su esposa. Los doctores hicieron todo lo necesario y lo que estaba en sus manos, pero todos en ese momento sabían lo que estaba pasando. Sus dos hijas se acercaron a su lado, entendieron que el momento más difícil de sus vidas había llegado, lo miraron con amor y lo tomaron de la mano, se despidieron con las más cálidas y reconfortantes palabras y con el corazón hecho trizas lo acompañaron mientras cerraba los ojos y exhalaba su último aliento. Mi abuelo falleció un primero de marzo, el día que cimbró nuestro mundo por conocer la pérdida de un ser amado tan cercano, y en este caso al que consideramos el mejor ser humano.

A mi abuela la tuvimos todo el tiempo en el cuidado, siempre en turnos acompañada de alguno de sus hijos y nietos. Fue sólo un momento donde nadie estuvo mirando, un pequeño espacio en el que todos nos ausentamos de su lado porque acudimos al funeral de mi abuelo. Atravesábamos nuestro duelo y el peor momento, no sabíamos lo que ocurriría hasta que recibimos la llamada, un aviso inesperado del personal que la cuidaba. Fue el dos de marzo cuando mi abuela falleció, justo al día siguiente del que mi abuelo partió. Su hija lo gritó y dijo que él se lo prometió, ella repitió que su papá se la llevó, nadie le reclamó porque entendimos cómo funcionó su amor, comprendimos que el destino les llamó y que no hubo vida ni tampoco muerte que los separara. Nos enseñaron el amor eterno y real, que en la vida todo lo vale cuando amas de verdad. Nos mostraron la puerta a la verdad, una nueva perspectiva de lo que podríamos ignorar, la esperanza y la tranquilidad de algún día volvernos a encontrar.

**Cuida a quien amas. Los recuerdos
no se pueden abrazar.**

Inteligencia emocional

La inteligencia emocional es una habilidad que requiere de tiempo y esfuerzo para desarrollarse, y yo la describo como una capacidad para conocer y manejar nuestras propias emociones y sentimientos. Aprender a gestionarla ayuda a nuestro bienestar emocional, a nuestra autoestima y a mantenernos a flote ante situaciones difíciles. Las personas que logran desarrollarla tienden a tener una perspectiva más optimista, creen más en sí mismos y se enfocan en la resolución de problemas.

Para amar a alguien, primero debes amarte a ti mismo porque das lo que existe en ti: nadie da lo que no tiene. Debemos tener en cuenta también que, al tener el privilegio de encontrarnos bajo un amor recíproco y poner en práctica nuestra inteligencia emocional, deberíamos saber que, si no es amor, no habría planes ni celos (aceptables) ni voluntades, ni el miedo a perderle, ni nostalgia al no tenerle. Si no fuera amor, se rendirían sin tener un motivo claro que atente contra su propio deseo.

La equidad afectiva forma parte de la inteligencia emocional cuando se sabe ofrecerla y recibirla. Me parece tan triste que existan personas que no saben recibir el amor que les dan o que les atemoriza tanto que lo rechazan, como un mecanismo de defensa, como si el amor fuera lesivo. Maldita sea la persona que les hizo tanto daño como para hacerles pensar que todos son iguales y que el amor daña.

Empatizar forma parte de tu inteligencia emocional. Significa ponerse en el lugar del otro, tarea difícil para los indiferentes porque ejecutar la empatía tiene que ver con el interés y la importancia del otro. Cuando amamos a alguien, nos preocupa su sentir, ya sea bueno o malo, pero, cuando es malo, su dolor nos duele, su tristeza nos inquieta, su nostalgia nos afecta. Al igual que sus alegrías, lo que le haga sonreír nos hace sonreír y sus motivaciones nos impulsan.

Cuando la persona que amamos tiene un conflicto, por más mínimo que parezca, tratar de colocarnos en su lugar es de los actos de amor más simbólicos que conozco, pues confrontar su sentir, exponiendo el tuyo. Es algo que no todos están dispuestos a ofrecer.

La empatía es mutua, es una de las claves para una relación exitosa alejada del egoísmo y la soberbia.

Maximizar tu potencial de inteligencia emocional es darte cuenta que muchas veces enfermas por vivir en el pasado, por renunciar a tus sueños, por absorber conflictos ajenos, por guardar rencores y resentimientos, por no soltar lo que ya no existe, por dejar al miedo ganar y no arriesgarte, por alejar de tu vida a las personas correctas y aceptar a las incorrectas.

El oro que se oxida no es oro, y aprender a diferenciar nuestros sentimientos hacia una persona tiene que ver con tu madurez y tu inteligencia emocional. Procura ser responsable en ello para no dañar a nadie, ni a ti mismo.

La pareja que elijas tendrá un impacto en absolutamente todo lo que suceda en tu vida, en tu salud mental, en tu estabilidad, en tus planes, en tu felicidad, en tu éxito, en tus decisiones, en tu formación y en cada uno de tus días. Así que elije bien, elije a alguien valiente, dispuesto, maduro, imparable, decidido, idealista, visionario, amable, inconformista, empático. Elige a alguien que te empuje a crecer y te respalde todo el tiempo, a alguien que te aporte, te sume y te multiplique, no que te reste ni te limite, alguien de quien tengas mucho que aprender, elige con quién vivir y no sólo existir.

«Nunca podrás escapar de tu corazón, así que es mejor que escuches lo que tiene que decirte.»

Paulo Coelho – *El Alquimista*

La conquista

El amor surge de formas misteriosas, tienes más mérito de él cuando ocurre espontáneamente y sin esperarlo, cuando sólo llega y resulta que existe una conexión instantánea e indefectiblemente única.

El cortejo es la parte más importante para evaluar a las personas en cuanto a lo que podemos esperar de ellas y de una posible relación.

Cuando un hombre tiene no sólo un interés por alguien, porque todos podemos interesarnos por algo o alguien y después de un tiempo perderlo, porque no hay pasión en ello. Hablo de cuando le importas realmente a un hombre. Él se asegurará de que lo sepas de una u otra manera, con la pasión y el amor necesario como para estar dispuesto a darlo todo de sí, para vivir en la lucha de conquistarte o morir en el intento. Pero, eso sí, no dejará que te vayas sin que lo sepas y sin que puedas ver lo importante que eres para él.

Se dice que el hombre, por naturaleza, es cazador, y que le genera ese ingrediente de misterio y placer el acercarse paso a paso a la persona por la que siente ese amor. Se trata de una cuestión de acciones basadas en lo que se siente y no tanto en lo que se piensa, ya que, en verdad, no se piensa tanto cuando se siente mucho.

La conquista depende mucho de la madurez y la experiencia. En la adolescencia de los años 90's hacia atrás, mandar cartas con la ayuda de un amigo era el primer intento de mostrarle a esa chica lo mucho que te gustaba. Conseguir su teléfono era una aventura, y llamarle, todo un reto.

En cambio, en la adolescencia de éste tiempo, con tantas facilidades de comunicación, tan sólo se necesita mandar un mensaje de texto acompañado quizá de una bonita imagen para hacerle saber que estás interesado. Las personas con cierta experiencia prefieren mostrarse de frente y, si son inteligentes y tienen tacto, les bastará, al comienzo, con adularle con propiedad y darle en sus manos algún detalle que consideren le puede gustar. Cuando se ve una posibilidad de conectar, la estrategia de cortejo tiene que ser aventurarse a hacer por esa persona lo que nadie ha hecho ni haría por ella:

mandarle un desayuno completo acompañado de un mensaje sobre él, adornado de un arreglo de flores, que no importe si es un día especial para darle su golosina favorita, llevarla a donde siempre añoró y nunca imaginó poder pisar, quizá poner en sus manos el libro que siempre quiso leer y pensó no conseguiría, encender su alma con aquella melodía que la hace vibrar, y si puedes, llevarla en vivo y a todo color frente a su músico favorito; créeme que te haría igual de feliz a ti que a ella.

Si las posibilidades económicas no te permiten ofrecer ciertas cosas, te juro que para una mujer de bien, de valores y de buen corazón, eso es lo de menos cuando existe atención, honorabilidad, respeto, amor y afecto. Salir a caminar a algún lado es suficiente para compartir historias o hablar de cómo estuvo su día, de qué piensan, qué sueñan o de qué están hechos.

Tienes que entender que las mujeres no operan igual a los hombres, que son bastante inteligentes para darse cuenta de tus intenciones, así que, si estás dispuesto a enamorarla, no dejes las cosas a medias y dalo todo de ti, que el amor que existe en ti pueda transmitirse en ella y, si acepta integrarte a su vida, apórtale y hazla realmente feliz, no le hagas perder el tiempo ni mucho menos la lastimes porque ningún ser humano merece ser ilusionado para después lesionarlo y dejarlo de lado. Como bien se dice, no hagas lo que no quieres que te hagan a ti.

Si logras conquistar su corazón, ese será sólo el comienzo, porque a partir de ese momento, si la amas de verdad, no bajarás la guardia del cortejo y continuarás enamorándola todos los días. Será un placer, no una obligación.

Abrázale cada que tengas oportunidad, atiéndele, sorpréndele, mantener el *alzamiento afectivo* es un trabajo en equipo, un trabajo de dos donde el interés constante juega un papel fundamental en la relación funcional.

La mujer suele mantener sus reservas aunque sienta esa misma pasión y ese mismo amor hacia alguien, como si se tratara de algo malo el mostrarle interés o importancia, y es que algunas mujeres fueron programadas en su hogar, con valores y principios, o por la misma sociedad, con moral o imagen, para no decirle a un hombre lo que piensa o siente por él sin antes haber sido conquistada. Esto tiene que ver también con su temor al probable rechazo, aunque ese temor también lo atravesamos los hombres y, aun así, combatimos contra eso para poder llegar a tocar su corazón.

Para la mujer, mantenerse al margen al comienzo es evaluar las intenciones reales del pretendiente y, en general, aunque digan que no se dan cuenta de cuáles son estas intenciones, siempre saben a dónde van dirigidas y de quién vienen.

El amor mantendrá siempre su brillo si las dos personas trabajan en ello, como un engrane dándole marcha a una máquina con su respectivo mantenimiento para jamás dejarla oxidar. Para el hombre son iguales de importantes las atenciones, el ser escuchado y mimado, el recibir detalles sorpresivos, abrazos y espontáneos besos, tan importante como lo es para una mujer. Y la conquista no es exclusiva del hombre, porque cuando hay pasión en dos, las acciones también están en dos y es aquí cuando hablamos de equidad emocional. Ten en cuenta siempre que quien no se atreve a mostrar lo que siente, está arriesgándose a perder lo que quiere.

Si arriesgas, puedes ganar o aprender, pero nunca vas a perder, ten eso presente. Si ganas tendrás en tus manos la posibilidad de ser feliz y hacer feliz a alguien, que comparta su vida con la tuya, si no ganas, tendrás experiencia y aprenderás de los errores que te harán más fuerte y más sabio para evitar repetirlos y hacer las cosas diferente si se te presenta otra situación parecida.

Cuando conectas de manera tan única con una persona, te muestras tal cual eres, sin máscaras ni opacidades, eres tú al desnudo porque te hacen sentir libre y protegido/a, justo allí es donde, sin pensarlo siquiera, compartes tu esencia, tus dolores, tus secretos, tus cicatrices, tu vulnerabilidad, tus miedos, tus sueños, tu errores, tu historia, tu luz y tu oscuridad.

Nunca tomes a la ligera lo que alguien te da, ya sea su tiempo, porque es algo que nunca recuperará; sus pensamientos e ideas, porque están diseñados para ti; su apoyo incondicional, porque seguramente se preocupó y ni siquiera durmió compartiendo tu angustia, imaginando cómo resolverlo para verte feliz; sus sentimientos y emociones que quizá sean lo más bonito que le queda, y eligió dártelo a ti y a nadie más.

Es importante mencionar que no a todas las mujeres se les conquista con flores y chocolates, ni a todos los hombres se les conquista con un escote o insinuaciones pasionales. Muchos preferimos las acciones, los hechos, las palabras de una mente inteligente que ofrece más que un "atractivo físico", una mente con la cual podamos hablar de todo y crear historias, universos, paradigmas, filosofías y teorías. Hay quienes preferimos más sonrisas y menos lágrimas, más detalles sentimentales y menos materiales. Considero que siempre será mejor alguien que nos haga creer en el amor en todos sus niveles, alguien que nos sepa seducir el alma, alguien que nos dé la caricia más hermosa en la vida, esa que se llama atención.

Una mujer no tiene que tener pechos grandes, ni cintura reducida, tampoco un trasero enorme o unas piernas torneadas, ni un rostro precioso para conquistar a un hombre. Existe algo que enamora mucho llamado carácter, sonrisa, personalidad, inteligencia y eso es algo que jamás caduca.

Conquístense treinta y un veces al mes, sean románticos, sean empáticos y sean cursis aunque eso ya parezca obsoleto en un mundo tan básico. No se guarden las cartas ni los poemas, mándense dedicatorias, tengan un plan con propósito, enaltezcan las virtudes del otro y minimicen sus defectos, solucionen sus problemas de inmediato y que se queden las rabietas fuera del cuarto, háganse reír y suspirar, porque, donde no entra la indiferencia emocional, el amor prevalecerá.

Mi madre me enseñó que al salir
con una mujer las puertas las abres tú.

Le hablas con educación y respeto.

No te sientas antes que ella.

En la acera, ella va del lado interior.

La escuchas con atención. Los gastos,
la mayoría de las veces, van por tu cuenta.

Acompañarla camino a casa o asegurarte
de que ha llegado es tu trabajo.

Hacerla reír es importante, pero hacerla
sentir segura es necesario. Cuidarla
y protegerla es prioritario.

Ser honesto y nunca hacerla sentir
un objeto es lo correcto.

No sé si esto es machista o anticuado
en un mundo tan ensimismado,
pero estoy seguro de que mi madre,
ella no se ha equivocado.

Amor a la antigua

Te invito las mañanas sabor a café, las tardes de atención e interés y las noches de plática interesante e intercambio de amor constante. Te propongo una vida llena de amor, de palabrerías lindas, detalles cursis y risas espontáneas. Te invito a tener una vida entera a mi lado, que no cese por discusiones absurdas, peleas sin sentido ni rutinas que asfixian. Te propongo una vida no perfecta pero sí feliz, donde la ecuación sea de dos o mejor de tres: tú, yo y el Creador de todo aquí.

Creo que, si me dieran a elegir entre el amor a la antigua y el amor de ahora, el de ésta época, sin duda me quedaría con el de antes, porque justo ese es el que te hace tomar acciones y no sólo palabras con un dispositivo digital. Es el que te hace fluir en palabras lo que sientes por esa persona, y si la extrañas se lo dices en su cara o se lo mandas decir en un pedazo de papel o con una mirada al verle, ya sea a unos centímetros o algunos metros de distancia. Si tuvieron alguna diferencia vas a donde esté y hablas las cosas de frente y de la manera más clara y precisa, no porque sea tonto, sino porque le respetas y te importa tanto que no quieres dejar margen de malinterpretaciones o fuga de errores.

El amor a la antigua nos enseñó a dar la cara frente a los problemas y no escondernos detrás de un dispositivo para evadir o simplemente ignorar con cobardía lo que evitan algunos confrontar. La tecnología es el refugio de algunos que alejan conversaciones serias, fracturan promesas y evaden compromisos. ¿Cómo puede haber allí una relación seria y formal si no se tiene el gusto por lo directo y real?

Ser un caballero siempre es lo más importante. No importa lo que los demás digan, ten en cuenta que, mientras des lo mejor de ti, no quedará nada en tu persona si las cosas llegan a terminar porque tú habrás sido digno y leal a tu pasión y a tu manera de saber amar. El mundo está lleno de patanes que hacen mucho daño y marchitan hasta la flor más delicada y hermosa del mundo. Los caballeros podemos hacer la diferencia entre mostrar que existen dos clases de hombres: los que saben amar y los que no.

Honestamente creo que jamás pasará de moda el regalarle un bonito ramo de flores, sus favoritas, si es posible; o ir a su casa y sentarse en la banqueta a platicar por horas; dedicarle canciones en las que podemos expresar lo que a veces se nos dificulta decir; escribirle una carta o una nota y no por ser precisamente un día especial, sino porque quieres decirle tanto, de maneras diferentes. Creo que nunca pasará de moda ser creativo para sorprenderle con algo que tanto le gusta y así disfrutar de su reacción llena de alegría. Mirar su semblante y no saber realmente quién es más feliz, si él/ella o tú al verle sonreír.

El amor a la antigua lo vemos de tal manera en que equilibramos las palabras con las acciones, el corazón con la mente y la esencia con el alma. Interesarte por conocer a detalle sus gustos y placeres, sus miedos, sus historias llenas de nostalgia y algunas llenas de alegría; escucharle atentamente cuando algo le apasiona y que en ese momento, sin que se dé cuenta, te esté transmitiendo toda su energía por medio de sus palabras, sus gestos y el cómo mueve sus manos tratando de detallarte las cosas, allí se encuentra el amor; en saber escucharle y ser feliz por verle feliz, en decirle tu opinión y compartirle tu historia de la misma forma, en darle aliento cuando sienta la desolación; en motivarle en sus objetivos, en impulsar sus sueños y estar dispuesto a volar a su lado a cualquier parte que desee llegar; en quitarle el miedo por más pequeño o grande que éste sea, en hacerle sentir seguro/a en sus momentos de fragilidad; en hacerle creer en sí mismo/a aunque a veces ni en sí mismo cree, en bailar con él/ella aunque no haya melodía y sin importar dónde se encuentren ni quien los mire.

"¿Qué dirá la gente?" esta es la pregunta que ha matado sueños, planes, objetivos, metas y relaciones, que a pesar de tenerle un amor único e inigualable en esa persona, se llega a cometer el gran error de su vida en dejarle de lado por temor a lo que hablarán de uno. Si deseamos ser felices en la vida, debemos tener el coraje de romper con nuestro propio sistema de creencias y dejar de darle importancia al qué dirán, porque en realidad no vivimos ni comemos ni crecemos por lo que los demás piensen de nosotros. Las únicas dos personas, en ese momento, a quienes les tienes que dar importancia (a lo que piensen, opinen, sienten y hacen), es a ti y a quien amas, porque de ustedes dos depende todo lo que sucede y sucederá. Es ahí cuando una de sus dificultades más grandes está a prueba, y saber sobrellevarlo para que les funcionen las cosas estará sólo en sus manos.

Las personas que adaptan el amor que se siente de forma madura, entera y limpia, saben llevar su relación amorosa con desapego de las redes sociales y saben manejar principalmente sus diferencias y complicaciones a través de la palabra y frente el uno del otro, ya que, por medio de un mensaje de texto se comete el enorme error de discutir y malinterpretar cada palabra o frase, y hasta le ponemos el tono que está usando como si se tratase de alguien a quien desconocemos. Esta práctica es común en la actualidad y se convierte en uno de los principales problemas de pareja donde uno de sus pilares está cayendo a pedazos, la comunicación.

Muchas veces nos sentimos tan orgullosos de la persona con quien estamos que es válido querer decirle al mundo quién es esa persona que te llena de alegría y tiene tu corazón, dedicarle una canción o unas palabras y que todos puedan verlo como símbolo de tus sentimientos hacia él/ella. Porque muchas veces podemos ver algunas relaciones donde trasmiten un amor ideal, a través de miles de fotos compartidas donde percibimos que es innegable que estamos ante una relación sólida y eterna, sin embargo, desconocemos lo que existe detrás de ésta nube y allí muchas veces existe una fractura que viene en picada quizá desde hace tiempo, y ese "amor" desdeñado es mera simulación, donde sólo ellos conocen el motivo, ya sea por proteger sus relaciones sociales, familiares, laborales o individuales, quizá como intento de supervivencia a su probable ruptura queriendo sensibilizar al otro, o quizá sólo para mantenerse a flote de la catástrofe y la negación.

A diario escuchamos que los dispositivos han formado parte de miles de rupturas amorosas, pero no son los dispositivos ni las redes sociales los que acaban con ellas, sino las personas que tienen acceso a ellas y no respetan, ni le dan su lugar, ni mucho menos aman a su pareja. Porque quien realmente es feliz y pleno con quien está, créeme, no le dará acceso a absolutamente nadie a su vida que pretenda tentarle emocional y sexualmente. Eso lo hace quien sufre de baja autoestima y necesita ponerse a prueba a sí mismo para demostrarse que puede conquistar o levantar pasiones en vez de enfocarse en levantarle esas pasiones a su propia pareja, pero no lo hacen porque ante ella se sienten inferiores o porque sienten seguro a quien tienen a su lado. Y si peca de egolatría lo estará haciendo porque lamentablemente es a ti a quien considera inferior, pero te juro que no eres tú el problema, el problema es ésa persona que no está a tu altura, ni a la altura de ser honesto para saber lo que quiere. No le revises el celular, si alguien quiere fallarle a lo que tiene, pues que lo haga, si te ama lo sabrás y no hay porque faltarle el respeto a su privacidad. Pero sé lo suficientemente inteligente para darte cuenta de que, si se aterroriza o se agita o se altera por proteger su dispositivo, eso será suficiente para probar que algo anda mal. Si de una u otra forma te das cuenta que te falló, entonces te estarás librando de alguien que no te merece y sabrás que tú mereces a alguien mucho mejor.

¡Exploten de amor, carajo! Que la indiferencia y el huir del sentimiento es para los débiles.

Digital

> Cuando el sexo se hizo fácil de conseguir,
> el amor se hizo difícil de construir.

En el mundo digital, el primer amor se ha vuelto factible, básico y cambiante, por la relatividad de perspectiva que hoy ocupa más una demanda de entretenimiento virtual y ya no tanto presencial. Las relaciones sentimentales han ido dejando de lado la esencia de luchar por alguien, por la facilidad de cambiarlo por otro. Los valores familiares, las condiciones sociales y el sistema de creencias han ido evolucionando tanto que el amor profundo se volvió escaso y sin mucho sentido.

Las redes sociales nos ofrecen un panorama de posibilidades diarias sin límites, de perfiles tan variados como un abanico extenso a tan solo un *click* de distancia.

La idealización se fortalece en función de lo visual y no tanto de lo sentimental. ¿Por qué las relaciones son más fáciles de soltar? Por las oportunidades que nos ofrece esta era digital.; porque para algunas personas es más cómodo cambiar que reparar, más sencillo dejar que intentar. Hoy en día están más facilitadas las comunicaciones con desconocidos, donde muchas veces, con lobos vestidos de ovejas, coincidimos y con manipuladores que endulzan el oído.

Hoy las relaciones sentimentales son menos duraderas porque se toman las redes sociales como medios interactivos para vincularse sin esforzarse, donde la humanidad perdió su proceso natural de enamoramiento y ha limitado la visión del "juntos por siempre".

Existen tres canales naturales que te conectan a una persona para hacerte sentir el nivel más alto de enamoramiento hacia ella y que te coloca en una vinculación sentimental significativa, pero así como llegan, así mismo es como se van si no las riegas como a una planta que necesita de atenciones y cuidados. Los canales de conexión entre dos personas vienen en cadena, comenzando por la mental, continuando a la emocional y por último a la sexual. Es en ese mismo orden como se van extinguiendo cuando las cosas van mal y la desvinculación llegará en picada si no la intentas rescatar.

Vinculación mental

Es aquí cuando, lejos de apreciar físicos, nos interesamos por la personalidad, la mentalidad y la visión de la persona hacia sí misma y hacia la vida. Nos entusiasma darnos cuenta que compartimos posturas ideológicas, de creencias, de pensamientos y posibilidades. Su nivel intelectual no es indispensable mientras ofrezca tema de conversación similar a lo que percibimos y degustamos del todo, donde encontramos refugio para decir lo que pensamos sin ser juzgado, donde sentimos la libertad de expresarnos y saber que somos escuchados, donde los ideales son compartidos y hasta los gustos son casi los mismos.

Este canal de conexión es el primero que te vincula a una persona en el proceso del amor, pero, asimismo, es el primero en desvanecerse cuando el tiempo y las situaciones son mal maniobradas por alguno de los dos, o a veces por ambos; cuando ya no piensan igual que el otro y su evolución les cambió el *chip* y su visión cambió de rumbo; cuando se dejó de pensar en el otro para enfocarse en uno mismo; cuando ya no hubo más que decir y compartir, y eso sólo les alejó uno del otro.

Vinculación emocional

Aquí, inevitablemente, surgen emociones de amor, de entusiasmo, de alegría, de euforia, de admiración, de regocijo y todos aquellos estados afectivos que experimentamos como reacciones subjetivas y que vienen acompañadas de cambios drásticos orgánicos y fisiológicos que nos hacen desear estar todo el tiempo posible con esa persona, nos crea una necesidad de compartirlo todo con ella y nuestras conductas se rigen bajo esto que sentimos como un potencial ingrediente dirigido por un encadenamiento visual, mental y sentimental.

Este segundo canal de conexión es el más sublime que puedas experimentar y, asimismo, es el más doloroso cuando, por segundo lugar, se va. Cuando las cosas van mal y suceden situaciones que nunca esperamos, el vínculo emocional, en su naturaleza, se convierte en decepción, miedo, ira, tristeza. Es aquí cuando se rompe la base más importante, que aunque las emociones son pasajeras, si no se hace nada para mejorarlas, el sentimiento de amor llega a su fin.

Vinculación sexual

Esta conexión es de suma importancia en el equilibrio y sustento de la pareja. Tiene tal relevancia que, si se limita o no encuentra satisfacción plena, con el tiempo llegan conflictos de otro tipo, donde las probabilidades de infidelidad son altas y el interés de practicarlo se pierde. Tiene todo que ver con el interés personal de satisfacer a tu pareja, no sólo de pensar en tu placer ni hacerle sentir menospreciada. Se trata de descubrir juntos curiosidades, fantasías, zonas erógenas, entrar al juego de la seducción, la acción y el orgasmo. Se trata de enseñarle qué es y cómo es que te gusta, no de esperar a que te lea la mente esperando que lo haga todo para complacerte. Se trata de comunicación y confianza, de experimentar en acuerdo mutuo, dejando de lado la represión de tus impulsos. Se trata de conciliar necesidades, de no limitarte y sacar tu perversión inquietante. ¿Quién mejor que con la persona con quien lo haces por amor? Aquí se encuentra la base que mantiene relaciones emergiendo, que por más conflictos existentes, su sexualidad los mantiene latentes, que cuando se desvanecen los dos primeros canales de conexión, este es el que persiste cuando se tiene a tu consideración como excelente.

Al ser el último canal existente, es cuestión de tiempo para que todo termine. Se vuelve temporal y sin mucho que aportar, una herramienta de satisfacción por necesidad natural y nada sentimental.

Los tres canales de conexión tienen la misma importancia en una relación, que de manera necesaria se requiere de una entera y atinada atención, si se cae en la indiferencia y el egoísmo, tarde o temprano, todo pierde su brillo.

Esta nueva era donde atendemos más un dispositivo de lo que atendemos a nuestra pareja, nos ha hecho esclavos de la indiferencia, nos está perpetuando a la frialdad y la desatención de momentos irrecuperables. Hay quienes tienen la fortuna de estar en un lugar bonito con la oportunidad de una charla interesante y, no valorando el panorama, prefieren revisar sus notificaciones, las noticias y publicaciones. Comparten cama pero revisan sus mensajes, buscan entretenimiento desnudando vidas ajenas y no desnudan a su pareja. La rutina y monotonía les aqueja, la falta de atención es un problema, la inseguridad y no sentirse valorado es sembrado y cosechado.

La tecnología no es mala, tampoco lo es el uso de dispositivos, plataformas y redes sociales porque hoy en día todos las usamos. Lo realmente malo es que prefiramos acercarnos a los distantes y alejarnos de los presentes.

Pasional

En ocasiones, las personas se sienten atraídas por la apariencia física. A veces les atrae tanto la apariencia como la personalidad, y en ocasiones les atrae la idea exclusiva de una posible relación meramente sexual.

Es indiscutible que el amor entra por los ojos, donde progresa a través del oído y germina en las sensaciones de contacto. La belleza en una persona atrae por unos momentos, después de eso tienes que ofrecer algo más para vincularte con éxito. Una personalidad exquisita y mostrar algo de intelecto es para algunos un placer inmediato, y es que la belleza sin inteligencia es como una obra de arte pintada en una servilleta.

La vida sexual en la pareja regula los problemas en ella. Si ambos se sienten lo bastante cómodos y conectados en ésta práctica, pueden lograr sobrellevar sus diferencias, aunque con el tiempo se vuelve esto una codependencia pasional y no sentimental. El amor se trata de llenar tu alma, no de vaciarla. La sexualidad no vale la pena realmente en una relación que es disfuncional a nivel sentimental.

Hay personas que basan su relación sentimental en un plano meramente sexual, ya que lograron conectar esa parte de forma tan profunda que están dispuestas a soportarlo todo con tal de no perder eso de su pareja. Hay casos donde su sexualidad se vuelve ocasional y mientras algunos vinculan esta parte aún con lo sentimental, otros sólo acceden por instinto de desahogo, sin llevar en sí algún sentimiento claro.

Nadie niega que la sexualidad es uno de los placeres más grandes en la vida, pero la madurez te enseña que eso, sin amor, es como tomarte una cerveza sin alcohol, comerte una pizza sin queso o tomarte un refresco sin azúcar. Al comienzo puede tener cierto sabor placentero que calme tus ansias, pero con el tiempo empiezas a percibir cierta sensación de vacío, autoengaño, te sientes usado/a, nostálgico y demeritado. Incluso puedes llegar a desvalorizarte y perder tu centro, perder confianza y tener pensamientos constantes de estar haciendo algo que no te aporta.

Los hombres operamos, de cierta manera, sexualmente, a diferencia de las mujeres. Los hombres, sin amor por alguien y sin propia madurez, tienden a ceder ante una insinuación, ya sea frente a frente o por medio de una red social. Esto suele darse en aquellas personas que necesitan refrendarse y demostrarse que son capaces de conquistar la sexualidad de otra persona. En cambio, aquellos hombres con amor hacia alguien, y con madurez, no tendrán interés en nadie más, batearán de una y mil maneras toda insinuación o propuesta indecorosa porque ya le será indecoroso fallarte a ti, mujer, y fallarle a lo que siente.

Las mujeres no tienen problema con batear las insinuaciones que se les presentan, estén enamoradas de alguien o no, ellas funcionan primero por lo que sienten por alguien para poder llegar a ese paso. Hay quienes ceden por necesidad fisiológica, pues es algo con lo que nacemos, pero, aun así, no caen en sus pasiones con cualquiera. Ese alguien tiene que ganarse su absoluta confianza y sin duda tener algo especial ante sus ojos y cierto sentimiento para dar ese paso sin un título formal de pareja.

Personalmente, seguiré apelando a lo que me ha convertido en quien soy hoy, en éste fragmento de mi vida. "Follar la mente de una mujer es un vicio refinado para los hombres entendidos; los demás se conforman con su cuerpo," frase atribuida a Charles Bukowski.

No te conformes, mujer, espera más que simple sexualidad y remóntate a una vida plena y entera donde tus principios sentimentales se vinculen a lo que ese hombre puede ofrecerte como una totalidad y no sólo como una simple porción. Tu sexo es tu templo, y tus besos, tus caricias y expresiones más íntimas, no las merece cualquiera.

No me cabe duda que cuando alguien ama de verdad, si llega la ruptura, se queda solo por un largo tiempo y no empieza nada a la brevedad. Un amor entero y real no se pierde de la noche a la mañana, no se evapora como si nada, mucho menos cuando no hubo motivos contundentes, tan sólo se encapsula y el tiempo es quien decide si vive o se mata.

No existe nada más pasional que un hombre demostrándole al mundo el amor hacia su mujer, nada más sensual que dedicarle palabras frente a todos y nada más erótico que suspirar frente a ella con tan sólo verla. Te diré un secreto: el éxito de un hombre se mide en el tamaño de la sonrisa de la mujer que se encuentra a su lado.

El amor es real cuando es de entrega, absoluto, profundo y tan apasionado que todos lo notan al verles juntos, cuando le hablas sin que esté presente, le extrañas a diario, le piensas en todo, y en medio de una carcajada entre amigos deseas que esté allí contigo. Entonces no hay marcha atrás, es el mundo contra dos.

No podrás negar que desde hace rato tienes en tu mente a una persona que encajaste perfecto en este recorrido, ya sea por lo que te ofrece o te ofreció o por lo que tú le ofreces o le ofreciste y, ¿sabes por qué no pudiste despojarle de tu mente? Porque atrapó en ti lo que nadie logró, porque sin importar su tiempo o su distancia, le llevas a diario en tu corazón y te acompaña mientras estas estudiando o trabajando o mientras estas de compras o en algún evento social, en medio de una carcajada con tus amigos. Allí le llevas contigo, a través de tus pensamientos y los recuerdos tan vívidos que proyectas en tu imaginación, deseando de vez en cuando repetir aquel día en que le tenías a cinco centímetros de tu boca, y quisieras poder darle al menos un abrazo y decirle todo aquello que en su momento no pudiste decirle porque se atoraron las palabras en un nudo en la garganta mientras se alejó rumbo a la desolación, y alguno de los dos, probablemente, partió rumbo a la caída.

«El amor es extraño, ¿cómo puede algo tan maravilloso venir acompañado de tanto dolor?»

Love is Strange (2014), dirigida por Ira Sachs

Capítulo III
La Caída

Te seré honesto, quisiera que este capítulo no existiera. De verdad quisiera no escribir ésta parte porque me da miedo abrir heridas para profundizar en lo que estoy a punto de ejemplificar para ti.

Desearía que no existiera "la caída" en ninguna vida, que nos hubiésemos quedado en el alzamiento afectivo para siempre, que aquel sentimiento de amor único y tan grande de quien es para ti tu alma gemela, jamás se hubiese visto alterado negativamente y que a las situaciones de conflicto que surgieron en ella les hubiésemos encontrado la solución, la respuesta y las salidas para no habernos obligado a atravesar por un sufrimiento involuntario.

Dicen que las cosas suceden por algo, pero, ¿ese algo de verdad valió la pena como para haber dejado de lado a quien consideraste el gran amor de tu vida? Sólo tú y nadie más entenderá los motivos que te llevaron a tomar esas decisiones y hacerles frente hoy, forma parte de tu nuevo ciclo.

Somos seres imperfectos con fallas que nos cuesta ver, sin embargo, cuando las reconocemos y no hacemos nada por cambiarlo es porque realmente no nos importa estar donde estas, ni valoras a quien está porque quiere estar.

En la vida, inevitablemente, pasaste o pasarás por una ruptura sentimental, una relación que juraste sería para siempre. Después de haber entregado todo de ti, tu amor, tus palabras, tus acciones y parte de tu vida, el dolor más grande que jamás imaginaste tocó a tu puerta y te encuentras ante una de las luchas emocionales más grandes y perturbadoras de tu existencia.

El rompimiento amoroso es una de las sensaciones más terribles que el ser humano puede vivir cuando ama de verdad. Por lo regular, una persona sufre más que la otra y es allí cuando decimos quién amó más a quién, aunque esto no tenga nada que ver.

Como lo habíamos dicho, todo en la vida es aprendido y es justo en la misma medida en que desaprender forma parte de nuestro sistema de pensamientos, creencias y sentimientos.

En medio de una relación, además de toda aquella luz que cobija tu ser, lamentablemente se empodera una oscuridad, una nube implacable que amenaza reiteradamente tu estabilidad emocional que, sin quererlo, se avista ante ti como una lluvia tempestuosa o un camino sinuoso a punto de cruzarse justo frente a ti.

Cuando una persona te ama, se nota, y mucho, pero cuando empieza a dejar de amarte, se nota mucho más. Simplemente deja de hacer lo que hacía por ti, notas cierto desinterés y sus atenciones se vuelven mínimas y vacías. Deja de llamarte, de enviarte mensajes de texto, de visitarte o de querer salir y hacer hasta lo imposible por verte aunque sea un momento. Te das cuenta que ya ni siquiera muestra celos, tampoco empatiza con tus sentires, de hecho, te los cuestiona y se molesta por ellos. Comienza a tomar cierta distancia y se justifica por cada una de ellas diciéndote que tiene mucho trabajo o que tiene problemas para responderte o que no puede estar pegado/a todo el tiempo al celular. Algo curioso, porque en este tiempo nadie deja su dispositivo de lado y hasta al baño lo llevamos.

Es claro, pero nos duele aceptarlo, la conexión se está perdiendo de su parte y su cobardía elige no tomar una decisión directa sino indirecta, esto se traduce en que su intención es que tú te desesperes, que saques tus conclusiones y le reproches las cosas para que entonces se victimice y te culpe a ti, y te tache de intolerante; que si las cosas acaban, que acaben por ti, por el cansancio y el desgaste que ellos mismos provocan porque no aprendieron a hablar con la boca.

En realidad podemos notarlo, pero el amor que sentimos es tan grande que pareciera que tenemos una venda invisible en nuestros ojos que nosotros mismos nos colocamos con la intención de no querer aceptar que las cosas están cambiando. Aunque intentemos todo para mejorar la situación, poco a poco se va alejando de ti y, cuando te adentras en un mundo de confusión, decides averiguar qué ocurre. La intriga y el desconcierto te impide conciliar el sueño, tus niveles de ansiedad, estrés y angustia se agudizan y sufres de una alteración recurrente de pensamientos distorsionados que te llevan a emociones que te aquejan y terminan en conductas anormales en ti y en tus hábitos.

Déjame decirte algo, las excusas todos las tienen porque, cuando se quiere realmente estar con alguien, lo imposible se vuelve posible, lo inimaginable se vuelve real y las acciones no pierden su toque. El problema no es que haya personas que dejen de sentir aquel amor, el problema es que no sean claros ni consigo mismos como para hablar las cosas y darles apertura a soluciones para retomar el camino que posiblemente se está yendo en picada. Hay cobardes que eligen lo desmedido, la muerte lenta y en agonía, pero no la de ellos, sino la del otro, continúan ahí sin en verdad estarlo, siguen caminando pero eligen hacerlo solos, esperando que el otro se quede ahí parado, cansado de la situación, y que él mismo desista y deje de luchar. Esto lo hacen aquellos que no quieren irse con el cargo de conciencia de haber terminado la relación, como si alguien les fuera a reprochar de por vida haber terminado con el otro. Esta clase de conductas provienen de personas inmaduras, sin centro, tóxicas y aquellas que le temen a la confrontación, quizás porque no son capaces de manejar sus emociones ante una situación difícil, probablemente porque aprendieron, en su vida, que dejando todo nada más así, sin más, es mejor para ambos, y no hablan como suele ser más sano para cerrar ciclos correctamente.

En todo lo que nos aqueja o nos inquieta de una persona a quien amamos, lo más sano y viable que existe para mantener el barco a flote es la comunicación como parte esencial. No decir lo que pensamos o sentimos tarde o temprano nos ahoga y termina por matarnos. Justo cuando se llega a un punto casi sin retorno suelen expresar su sentir, bajo una situación de euforia y en los peores términos.

Si después de haber hablado sus diferencias y posibles problemas a superar, no se cumple con lo que se espera para continuar, se debe tener, al menos por respeto a la otra persona, la atención de decírselo con claridad y en absoluta paz, porque no se trata de una relación cualquiera, sino de alguien a quien amaste y compartieron momentos de dicha y gran alegría; es alguien que merece tus explicaciones y los motivos precisos del por qué tomas la decisión de retirarte sean cual sean éstos. Por aquel amor que te hizo vibrar, es por lo que esa persona sí merece tus palabras y tu sentir para darle la pauta que todos merecemos: la de poder lidiar mejor con el duelo y poder seguir. Y es que te presumió tanto, y tan bien, que ahora debe lidiar con la pena al decir que se equivocó.

Lamentables las partidas que dejan brechas con grandes vacíos sin haberles dado un respiro, quedando perdidas en la simpleza del olvido.

Ensordecedora ilusión donde la idealización finalmente murió.

«Las emociones inexpresadas nunca mueren, tan sólo son enterradas vivas y salen más tarde de peores formas.»

Frase atribuida a Sigmund Freud

La profunda tristeza

Esta parte de la vida es, sin duda, una de las peores tormentas emocionales que puede vivir el ser humano cuando cae en la ruptura sentimental.

Surge, no un mundo, sino un inmenso universo infinito de dolores, de tristeza, de desolación, de incertidumbre, de confusión, de altibajos, de cuestionamientos, de ideas delirantes, de pensamientos suicidas, de auto sabotaje, de dualidad, de impulsividad, de desamor propio.

Aquí se llega al fondo de nuestra existencia, con un vacío que parece irremediable e insustentable. Sientes que tu cabeza explotará en cualquier momento de tanto pensar en las posibilidades que construyen una pregunta que te atormenta de día y de noche, sólo una pregunta que no te deja conciliar el sueño, que te despierta en medio de la noche. Y mientras te quedas ahí, con los ojos abiertos entre la oscuridad, abrazado de tu almohada y con aquella presión en tu pecho que te lastima como un cuchillo entrando lentamente. Una simple pregunta tan perturbadora que te arranca el hambre y así con esa simpleza dejas de alimentarte, pierdes el apetito y terminas devolviendo lo poco que logras tragar. Te pasas el día en automático, cumpliendo por cumplir, pero sin deseo ni entusiasmo por nada, lo único que quieres es estar solo/a y acostado/a en medio de un incontenible mar de lágrimas. La pregunta: ¿por qué acabo todo?, se vuelve tu principal dolor, como si fuera un taladro apuntalándote justo en la cabeza, te acompaña con fiereza a donde quiera que vayas, mientras conduces y en medio de tus pensamientos el desahogo se desborda; mientras te bañas encuentras un refugio del derrumbe donde millones de lágrimas se fueron por el resumidero esparciéndose entre gotas y piel tersa, recorriendo un rostro hecho trizas y depurando un corazón abatido, una alma desconsolada, un ser humano en sufrimiento.

    Ese dolor lo llevas a donde quiera que vayas por más que quisieras dejarlo dentro de un cajón bajo llave, te atosiga mientras tienes que enfrentar tu vida diaria, tienes que dejar un momento lo que estás haciendo para buscar con urgencia un rincón donde puedas tomar un respiro y secar esas lágrimas incesantes. Luchas por dejar de recordar todo aquello que viviste con esa persona, pero es imposible sacarse del corazón lo que no se puede sacar de la cabeza.

Te imaginas tantas veces los escenarios probables de reencontrarte una vez más con él/ella, anticipando las palabras que dirías, repitiendo innumerablemente cada frase y cada posible respuesta como si de eso tuvieras certeza, y lo único que ocurre es el incremento de tu propio dolor, atado a la esperanza, a una ilusión, a una falacia.

Es imposible encontrar una respuesta que brinde tranquilidad, no existen palabras que puedan remediar y, aunque quisieras, no encuentras aliento que te pueda calmar, intentas continuar pero te encadena un ancla que te mantiene siempre hacia atrás. En esos momentos, literalmente, dejas de vivir, de hecho, en ocasiones, no le encuentras sentido a seguir haciéndolo, el dolor es tan fuerte que sobrepasa el uso de la razón, está por encima de ti y aquellos deseos que volaron ya hacia un rumbo desconocido.

Sientes cómo tu corazón se estruja. Aquella punzada, justo en medio de tu pecho, es imparable, y tus dolores no son sólo emocionales, sino que pasan a un nivel de somatización donde sufres de dolores físicos y orgánicos, tienes la sensación de estar muriendo lentamente y tu lucha mental cada vez se vuelve más inquietante.

Sin importar el apoyo de quienes te rodean, te sientes completamente solo/a, se posa sobre tu espalda una carga imposible de soltar, eres incapaz de ver la realidad y todo en ti se concentra en miles de preguntas con millones de posibles respuestas, te llevas a ti mismo/a al pasado, deseando con todas tus fuerzas quedarte ahí, regresar a esos momentos donde todo estaba bien y los errores que se cometieron los ves desde otra perspectiva y con otras salidas. Estás en un océano bastante hondo, entre un laberinto sin salida, estás prácticamente luchando por sobrevivir y encontrarle algún sentido a vivir.

Como habíamos mencionado, no es la persona quien te lastima, sino la expectativa que te hiciste sobre esa persona y la relación. Te lastimó tu creencia de ser juzgado por los demás al no haber logrado avanzar más en eso que todos veían como algo lindo o estable. Lo que te duele, en parte, es el orgullo, te lastima el ego, magnificas los rumores y las críticas, y precipitas tu temor de ser sustituido por alguien más. La lucha contra tus pensamientos se vuelve latente y difícil de sobrellevar. Te sientes avergonzado, te apena mostrar la cara ante los demás por lo que puedan pensar de ti, vulnerable ante la confrontación de una realidad.

Hay personas que están ahí tratando de vivir con una sonrisa, aunque, por dentro, la profunda tristeza los esté perturbando a diario y haciendo trizas. Los miramos y a veces juzgamos sin saber exactamente por lo que están pasando. A veces las personas con más chispa y simpatía son los que se sienten más solitarios, aislados emocionalmente y quebrados por causas que sólo ellos conocen.

En la actualidad es aún más difícil sobrellevar un duelo de este tipo, ya que las redes sociales hacen mucho más difícil desvincularte de esa persona. Te conviertes en tu propio verdugo y en masoquista de tus impulsos y curiosidades. Si aún no ha habido bloqueo en mensajes de texto, revisas su última conexión o si está *en línea*, o qué estado habrá posteado. Buscas interpretación de esto: si está *en línea*, ¿con quién estará hablando? Si fue para ti ese estado, ¿con qué motivo fue? Indagas en su perfil social para corroborar qué le mostró al público, si eliminó sus fotos o si incluso subió más, ya sea de alguien más o de los lugares a los que ha ido. Elaboras historias en tu propia cabeza que sólo enredan más tu estabilidad y tu paz, te lesionas a ti mismo cada día hasta que, sin pensarlo, cuando menos de te des cuenta, empiezas a soltar.

Te quería tanto que, incluso cuando me lastimaste, traté de entenderte.

El duelo

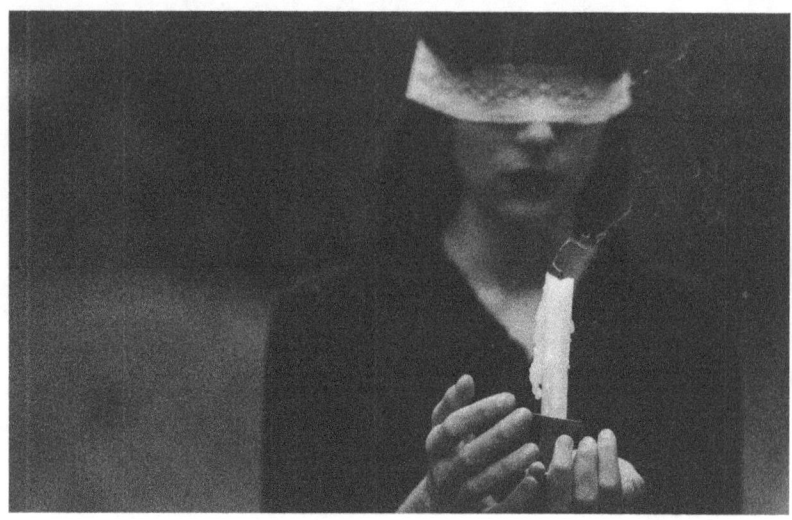

El duelo es el proceso de adaptación emocional y ocurre tras la pérdida de algo muy importante y significativo en tu vida. Existen varios tipos de duelo, pero, en el terreno del desamor, lograr desprenderse de un amor es de las cosas más difíciles que existen, una batalla que cada persona vive a su propio ritmo y nadie puede hacer algo para acelerar su alivio más que ella mismo.

Por supuesto, la pérdida de un ser querido puede llevar a este dolor a cualquier persona, pero la pérdida de un amor de pareja, de ese tipo de amor afectivo, es diferente porque, de alguna manera, la pérdida de un ser querido es irreversible y sabes en la totalidad que no hay marcha atrás, que está en un lugar inmóvil y no hay más que hacer por tenerle de vuelta.

Cuando se trata del rompimiento afectivo, el dolor toma otra consistencia porque sabes que la otra persona se encuentra ahí, latente, presente ante las posibilidades y tus deseos conscientes e inconscientes de verle, en medio de una disyuntiva que te mata porque no dejas de pensar si volverán las cosas a darse o no. Te perturba la indecisión y la duda de las probabilidades, te sientes tan solo, sufres caminando a la orilla de un acantilado. En la separación de una relación se tiene que lidiar con el rechazo y esto es lo que lastima el autoestima, lo que pincha el ego, destruye tu seguridad y te llena de pensamientos intrusivos dirigidos a emociones destructivas. El duelo en una ruptura de pareja se vuelve complejo porque alguien en su plena libertad, su juicio de valor, su propia decisión, decide rechazarte y precisamente por esto es que nunca se debe subestimar el dolor de una persona que se encuentra en separación, ni invalidar su propio sentir, ya que este tipo de dolor es uno de los más fuertes que atravesarás en tu vida.

Quien sufre de una depresión no forzosamente ha hecho algún mal, todo lo contrario, a veces el mal se lo hicieron a esa persona quien procuró hacer bien las cosas y se mantuvo ahí con honorabilidad y lealtad, quien sufre la pérdida. En cambio, aquel que dejó de luchar por la relación y deliberadamente eligió irse, mantiene la calma y esto no quiere decir que se fue por alguien más. En algunos casos es así, pero no en todos, ya que hay quienes eligen irse después de haberlo dado todo y no haber encontrado ya nada para que lo suyo funcionara. Entendió que, por más esfuerzos, existe algo que no le da ya esa paz y ese amor, así que decidió irse para encontrarse a sí mismo.

Sufres tu duelo en cinco fases que a continuación explico basándome en la teoría de la Psiquiatra Suiza Elisabeth Kübler-Ross, (1969). Esta teoría se publicó en su libro *On Death and Dying*.

Negación

Te niegas a ti mismo o niegas lo ocurrido. Es inaceptable que todo haya terminado porque tenías en mente, y en propuestas, un plan de vida con esa persona. Te rehúsas a dejar de sentir ese amor que te hizo flotar y no ves otra alternativa de vida que no sea al lado de quien amas.

Quedarte estancado sin poder afrontar la situación te envuelve en un mundo de desolación, donde salir de un hoyo profundo parece ser imposible.

Enfado, indiferencia o ira

Te molestas con la persona y contigo mismo por no haber encontrado soluciones a sus diferencias. Te sientes furioso pensando que el otro no hace lo que esperas que haga para recuperar la relación y te frustra la pérdida, buscas a los culpables o a los factores que desencadenaron lo inevitable, llegando a sentirte culpable o culpando al otro.

Exteriorizas tus emociones negativas hacia el mundo, te vuelves intolerante y vulnerable con quien te rodea. Complicas las cosas hasta con quien está allí apoyándote y rechazas hostilmente todo tipo de acercamiento.

Negociación

Comienzas a evaluar los motivos de la ruptura, entendiendo los beneficios y los contras. Intentas llegar a un ajuste, un acuerdo con el entorno y empiezas a proponerte algunas soluciones a la pérdida a pesar de tener pocas posibilidades de que suceda dicha pérdida.

Le prometes a la persona perdida lo que te represente mejoramiento y resiliencia. Incluso intentas llegar a un acuerdo con Dios, ofreciéndole lo mejor de ti a cambio de paz.

Dolor emocional o depresión

Experimentan un inmenso dolor por la pérdida, la profunda tristeza y una crisis existencial se presenta. Aquí, algunos sufren de depresión.

Aceptación

Asumes lo inevitable, comienzas a tener una visión diferente de la pérdida. Tener en cuenta que no es lo mismo aceptar que olvidar es importante. El tiempo de aceptación es relativo para cada persona, tiene que ver en cierta medida con su fortaleza mental y su inteligencia emocional. No se trata ya de sentirse feliz, sino de comenzar el desapego sentimental.

Hay personas que, por más tiempo que pase, no logran aceptar realmente la pérdida, aunque lo digan con la boca de mil maneras, no pueden decirlo con el corazón. Es importante que se busque atención psicológica profesional.

Acompañar en el dolor no significa dar ánimo para quitar una pena. El silencio y tan solo tu presencia muchas veces es tocar con respeto el alma del que está sufriendo y en pena.

Si hubiera sabido que ése sería el último abrazo, todavía te estaría abrazando hoy.

Infidelidad

Hay quienes se enganchan de otro amor antes de liberarse del pasado porque tienen una baja autoestima y necesitan alimentarse de quien les de valor, apoyo, aliento, amor y quien les haga subir de nuevo al pedestal del que los derrumbaron.

El peor error que alguien puede cometer después de una ruptura es comenzar otra relación de inmediato, sin haber frenado los sentimientos que continúan aún dentro de su sistema, porque no lograrían realmente vincularse, involucrarían sentimientos de una relación pasada a una nueva y descargarían sus malestares con alguien que no los merece. Se dañan a sí mismos en una discordia personal de sentimientos encontrados, limitan el amor del otro y flagelan el propio.

El amor de Tarzán e refiere a cuando saltamos del amor a una persona al amor de otra y ocurre en personas severamente inestables, estas intentan sostenerse de alguien más antes de soltar a quien aún tienen al lado. Al lograr dar el salto, ven una posibilidad de reencontrarse y darle un giro a su mundo emocional, pero al no haber hecho las cosas bien, cerrando su ciclo de forma madura, responsable y consciente, sólo apagan la luz de alguien más intentado encender la suya, y en la mayoría de los casos abandonan todo, culpando al otro por no entenderle o darle su tiempo y su espacio, dejando abierta la brecha a un encadenamiento de conflictos entre más personas que nada tuvieron que ver con su desamor. Ahí suelen nacer los *tóxicos*.

Una separación de pareja que viene de una unión libre o de un matrimonio donde hay hijos de por medio, suele tener respuestas de conducta dependiendo de los motivos de separación y de la madurez de las personas. Ya hablamos sobre lo conveniente para los hijos y también para los padres cuando la ruptura es clara y definitiva.

Hay quienes, después de una infidelidad o agresiones psicológicas o físicas, toman la decisión de separarse, aunque muchas veces les cueste trabajo aceptarlo. Muchos se mantienen ahí y llegan a justificarle todo a su pareja, esperanzados en que cambiará mágicamente en algún momento y esto, por la codependencia ya desarrollada, en algunos casos se soporta y se continúa por conveniencia, ya sea por su estabilidad económica o por estatus social o por la errónea idea de que sus hijos no deben vivir con padres separados.

El infiel no es infiel por accidente, sino por decisión, porque nadie está obligado a entrar al terreno sentimental o sexual de otra persona si no hay voluntad propia. El infiel eligió arriesgarte sin importar la probabilidad de perderte, no le importó acabar con todo por un rato de placer o distracción. ¿Vale la pena alguien así?

Sucede lo mismo cuando alguien elige irse para estar con alguien más, esa persona tomó la decisión de estar con alguien que ya no eres tú y sé que duele, pero eso significa que no hay más que hacer con el/ella y retirarse con dignidad es lo mejor que puedes hacer, por tu bien.

Cuando una persona es infiel a otra y es sorprendido, el infiel lo niega todo. Tanto, que él mismo logra creerlo por un excesivo temor de ser juzgado, evidenciado con los demás o por la posibilidad de perder a la persona con la que mantiene su relación. A un infiel se le nota en sus cambios drásticos de hábitos, en la indiferencia que empieza a mostrar, ya sea en afectos o en la intimidad. El infiel se vuelve paranoico y, generalmente, posesivo y celoso porque le teme a que su pareja le haga o le esté haciendo lo mismo. Como dice el dicho, "El león creé que todos son de su condición", ¿no es así? El infiel se vuelve dramático, eufórico y se vuelve bastante creativo en justificar sus fallas y sus "salidas sorpresivas" o llegadas tarde a casa. El infiel es peligroso porque expone a su pareja a un posible contagio de transmisión sexual; es peligroso cuando se ve descubierto porque su reacción inminente es la agresión cuando se trata de una persona inmadura. Cuando el mentiroso se ve descubierto, grita, agrede, se victimiza, culpa, pero jamás acepta. Sus impulsos son desmedidos y bajo sus incontenibles emociones llega a la agresión física, los insultos y el demérito, culpándote a ti por sus acciones y tratando de evadir su responsabilidad, queriéndote endosar un cargo de consciencia para llegar a justificarse y conseguir así tu perdón y tu olvido.

Las personas con amor propio enfrentan la situación y abren la puerta a la separación aun en medio del dolor, confrontan los hechos y comienzan el proceso de desvinculación emocional.

Las personas son libres de darle otra oportunidad a quien le fue infiel o le hizo daño del tipo físico o psicológico, son libres de volver al lado de quien los lastimó tanto y pasó por encima de su persona y su amor propio. Es decisión de cada quien darle esa otra bala porque las otras no lograron asesinarle, pero, cuando vuelva a serle infiel y a repetir la historia, y créeme que lo hará porque esa clase de personas no cambian sólo fingen hacerlo para recuperarte, será mejor que mastiques y tragues, porque no podrás quejarte de quien volviste a elegir una vez más y no logró matarte.

El infiel cree que ganó, es tan miserable dentro de sí que llega a sentirse orgulloso de haber logrado "conquistar" a quien quiso sin haberle importado aplastar la confianza de quien de verdad le amó. En la infidelidad sólo pierde el infiel, no el engañado, porque el engañado se deshace de alguien que no vale la pena, ni mucho menos vale la confianza y el profundo amor que le da. En cambio, el infiel pierde a alguien que lo daba todo por el/ella y un día lejano lo verá, aunque tarde probablemente será.

En una relación de pareja... ¿quién les dijo que es normal ser infiel y perdonar la infidelidad como si nada hubiera pasado y engañarse pensando que ya no pasará?; ¿quién les enseñó a tener que soportar manipulación, agresión psicológica, abusos, humillaciones o hasta golpes y justificarle todo agachando la cabeza como si no tuvieras la opción de irte de ahí?; ¿quién les mintió, haciéndoles pensar que, si fue a quien elegiste para casarte, entonces debes aguantar como si fuera la cruz que debes cargar toda tu vida o serás un "fracaso" por haberte ido?; ¿quién te repitió que por los hijos se debe vivir al lado de alguien que te hace infeliz y te genera desdicha? ¿Tu mamá? ¿Tu papá? ¿La sociedad? ¿La religión?

Si eso crees, déjame decirte que estas son sólo creencias arraigadas, sembradas a lo largo de toda tu vida, porque quien se dice todo eso y quien se permite todo aquello eres tú mismo. Tú y sólo tú eres responsable de ti mismo, de lo que tú permites y aceptas que suceda. Si crees que eso es amor de pareja y es común, te invito a adentrarte diligentemente a lo que significa el amor y lo que es "normal" en él: el buen trato, las atenciones, la equidad afectiva, los halagos diarios, el orgullo por el otro, el darle su lugar y el amarle por todo lo que es y representa, es el concepto que tengo yo del amor y lo "normal", y si estoy mal, elijo estar *muy* mal con este concepto, pero feliz y sin vivir en la hipocresía de mí mismo y para los demás. Se fiel y leal a ti mismo, ahí comienza el rumbo para ofrecerle lo mismo a quien ames, por mera naturalidad. Si vas a quedarte con alguien, que sea por convicción y no por conveniencia.

El amor de ahora es tan triste, pues algunos le han dado cierta evolución a su forma de querer y de postrar sus sentimientos hacia una persona. Quieren, pero no lo dicen por temor al rechazo o a verse débiles o frágiles, como si decir lo que sientes tuviera algo de malo. Les importa alguien, pero no lo demuestran para no ceder ante el otro, como si se tratase de un juego que hay que ganar. Extrañan, pero no le hablan a quien extrañan porque priorizan más a su patético orgullo que a esa persona. Dicen que te quieren ver, pero se sienten más cómodos entre sus amistades o yendo a beber o pasar el rato con ellos, aunque sea un día especial entre ustedes eligen a otras personas u otros lugares antes de ver el lugar que les ofreces tú. Te dice que le importas y que nunca va a dejarte, pero no es ni capaz de dejar el alcohol o sus vicios excesivos, ni mucho menos sus pasatiempos obsesivos para cubrir al menos sus responsabilidades, ya no digamos la supuesta prioridad de tu presencia o cumplir con sus promesas de llevarte a cenar o bailar o ver una película o dar una vuelta y caminar.

Qué tristeza me da el "amor" que algunos en este tiempo dan. Está de moda no querer, no contestar, el "háblame que te voy a responder en cinco horas" no porque esté ocupado sino porque no quiero mostrar mi interés. Está de moda complicarse la vida diciendo una y otra vez que "no estás buscando nada serio".

Está de moda callarse y no decir "cómo me gustas". Está de moda alejarse de una persona cuando te encanta, te puede aportar sensaciones nuevas y puede que sea incluso la persona que buscas, pero eres tan sumamente egoísta y cobarde que no te quedas a averiguarlo. Está de moda tener miedo a sentir.

No sé, será que, en pleno siglo XXI, con las millones de facilidades que hay para todo, ¿querer asusta?

La conveniencia se paga con el tiempo,
la convicción perdura para siempre.

Tóxico

Las personas "tóxicas" suelen ser personas inseguras, temerosas, negativas, cuadradas, explosivas, intolerantes, infieles, desleales, rencorosas, abusivas y por lo regular no saben lo que quieren, se victimizan de todo lo que puedan sostenerse para colocarse en una posición de consuelo y de ser comprendidas por sus actos y absurdas "confusiones".

El amor hacia una persona tóxica polariza su realidad, justifica su condición, pasa por alto sus acciones, minimiza sus errores, perdona traiciones y legaliza desamores. El amor pasa por alto lo que jamás se creería poder soportar. Nos ciega tanto de una triste realidad que estamos al lado de alguien lesivo, dañino y nos negamos a aceptarlo. Es perjudicial para la estabilidad emocional de ambos y, sin darnos cuenta, poco a poco nos intoxicamos como con una radiación silenciosa. Intentamos rescatarle de su miseria porque eso hace al amor real: luchamos a su lado contra sus dificultades, nos sumergimos en su mundo lleno de soluciones "irremediables". Llegamos al punto en que nos perdemos a nosotros mismos, habiendo entregado todo para completarle, que cuando menos nos damos cuenta, somos nosotros quienes necesitamos empezar a valorarnos.

Las personas tóxicas le encuentran problemas a las mismas soluciones, suelen buscar culpables sin autoanalizarse y frecuentemente terminan relaciones sin culpa ni remordimiento por el otro, con una tremenda frialdad y sin una pizca de empatía. Suelen ser cobardes para explicar sus motivos y argumentan que nadie merece una explicación de sus decisiones.

Las relaciones tóxicas son enfermizas y dejan bastante dolor, son muy difíciles de dejar porque el tóxico tiene la capacidad de generar cierta culpa o cargo de consciencia en ti, con la intención de mantenerte ahí como una vela prendida, queriendo tenerte cerca pero no tanto, lejos pero no demasiado, siendo intermitentes en sus afectos, seguras de amarte hoy, pero mañana no y pasado mañana quién sabe. Regulan tu estado de ánimo dependiendo del suyo y, sin más ni menos, te dicen que eres su todo y, sin decirlo, su nada.

Al tóxico le deja de importar lo que el otro piense, se concentra sólo en lo que piensa él mismo. Creerá firmemente que el trato que da es justo, digno, respetuoso, claro, necesario, etc. Puede tomar acciones deliberadas dentro de la relación, o al terminar la relación, y asegurará que tiene todo el derecho, sin deberte ninguna aclaración. Considerará que es el único que siente, que tú no tienes ese derecho y, si tú sientes, se ofenderá juzgándote de sentimentalista y culpándote de sus problemas como buen cobarde, culpándote de lo que pretende huir.

Son manipuladores natos, se adentran a fondo para desestabilizar a la persona sacándola de sus casillas y así poder acusarla de ser alguien intolerante y sentida/o, eso le permite manipularla con facilidad desde la culpa. Es importante lo que alguien te dice en palabras, pero aún más importante lo que te dice con su conducta, porque lo que con palabras se edifica, con acciones se derrumba, así de frágil es la voluntad de una persona que no sabe ni lo que quiere. Un tóxico contaminado arremete con lo que fue programado: el poco amor, el nulo afecto, la mínima atención o la falta de interés.

Darse cuenta que has sido intoxicado cuesta trabajo, pero es cuestión de tiempo y para esto debemos tocar fondo. Sólo tocando fondo podemos verlo todo, necesitaremos irremediablemente de un acto o una verdad estremecedora, de un golpe contundente a nuestra realidad que nos haga salir de la ilusión, encontrarás tu salida y tu auto-rescate no enfocándote en la herida sino entendiéndola, y así comenzarás a evaluar tu posición y tu rumbo.

El tóxico tendrá acciones que a veces serán con dolo, son inmaduros y no saben manejar situaciones de conflicto, ellos tienden a lesionarte y después se ofenderán por tu reacción, como si fueran los únicos con el derecho de sentirse mal, dejando de lado lo que tú sientes. Ellos son su propia prioridad, te dirán que están ahí pero la realidad te alcanzará y te darás cuenta que ya no hay nada allí para ti. Enfermarás emocionalmente, sufrirás de malestares constantes, te perturbarás durante el día y te lamentarás por la noche.

Los tóxicos son cobardes cuando pretenden dejar una relación, fríos en sus acciones y sin un gramo de compasión. Creen darte oportunidades para que te vayas y así no confrontarte con valor. Te muestran su peor lado para que seas tú quien huya, para que te decepciones y dejes de amarle, se justifican en no querer hacerte daño, pero te hacen más daño metiéndote en un mundo de confusiones por alejamiento y tratos indiferentes. Suelen mentir y ocultar, sólo hablan de sus problemas pero no mueven un solo dedo por cambiar o mejorar. Se resisten a cambiar porque su misma inseguridad les hace pensar que algo malo ocurrirá, sin detenerse a pensar un momento que lo malo está ocurriendo ya. No existe algo más lamentable que tú mismo guardando tus secretos, reprimiendo tus lágrimas, silenciando tus gritos y destrozando tu alma.

Quien es tóxico padece de inmadurez emocional porque cuando todo termina, o a veces antes de que termina, inmediatamente busca otra relación u otra persona que le acompañe, porque son personas que no saben estar solas, son personas que no se quieren ni a sí mismas, carecen de amor propio y necesitan que alguien les llene de lo que no saben llenarse por sí mismas. Van por la vida destruyendo corazones, son fríos e indiferentes ante lo que el otro siente, suelen entrar a relaciones enfermizas porque no supieron esperar el momento adecuado para sanarse por completo y llevan el reflejo de sus problemas a esa persona.

En cambio, una persona emocionalmente sana que hace bien las cosas y se entrega de corazón, elige quedarse sola al término de la relación por más lastimado que tenga el corazón, porque ese mismo amor que existe dentro de sí hace que no necesite ser llenado por alguien más, espera a que el tiempo le sane, deja margen a que su gran amor hacia el otro se evapore aunque no sepa hasta cuándo suceda esto.

El tóxico te dirá un día que te ama y al otro día no sabrá qué siente, un día te buscará y al otro te ignorará, es así como se comporta y se comportará siempre porque quien no sabe lo que quiere no quiere lo que tiene, jamás.

Hay quienes pecan de cinismo y egoísmo, victimizándose sin importar haber sido quien lastimó y lo jodió todo. De esa clase de personas debes aprender a no ser jamás como ellas. Triste es ver que existan personas que van por ahí destruyendo a otros sólo porque a ellos los lastimaron, en lugar de haberse sanado y continuar amando. ¿Quieres conocer realmente a una persona? Observa cómo te trata cuando ya no te necesita, cuando dejaste de servir a sus intereses.

La tóxica/el tóxico eres tú cuando te dejan de lado, a la deriva y sin querer pasar el rato a tu lado y aún sigues ahí; cuando no te dedican tiempo y existen otras prioridades excepto tú, pero aún sigues ahí; cuando te tratan mal y bajo aprehensión; cuando te traicionan una y otra vez, pero aún sigues ahí. Cuando te insultan el alma, el autoestima y te desinflan el ego con palabras hirientes y actos indiferentes, pero aún sigues ahí. Cuando te promete cambiar y el perdón lo convierte en un deporte porque ya te tomó la medida y, aunque te lo reprochas a ti misma, aún sigues ahí. Cuando te humillan y desprecian, cuando te ofenden y deshonran, pero aún sigues ahí. Cuando te resignas a ser una persona sufrida, sumisa y abnegada bajo el yugo del victimismo y de todas maneras sigues ahí. Cuando te dice que te bajará la luna y las estrellas pero no le baja ni a las cervezas y tú sigues ahí. Cuando buscaste la salida, te curaste mil heridas y te mantuvo en su propia ruina, pero aún sigues ahí. Cuando te encapsulas en el ambiente hostil y el aprendizaje de un amor insano donde todo resulta equivocado, pero ¿sabes qué, corazón?, que aún sigues ahí… La tóxica/el tóxico eres tú porque estás viva sin vivir, olvidándote de ti y aun sigues ahí.

**Identifica lo insignificante
que hasta de ello se aprende.**

¿Amistad después del amor?

Me parece imposible que pueda existir una amistad donde hubo esparcido tanto sentimiento y amor. Hay quienes te ofrecen su amistad después de terminar la relación, éstas son personas que no quieren dejarte ni perder el vínculo contigo porque les eres importante y/o necesaria, pero es la intención más baja y ruin de querer tenerte como una vela prendida para que sigas siendo su soporte emocional, por si no encuentran a alguien mejor o por si les fallan en otro lado: ahí te tienen a ti como una opción, aunque no como una prioridad. Bastante cómodo y conveniente para esa persona, pero poco digno para ti.

Aceptar su propuesta sólo te llenará de dolor y rabia por haber pasado del todo a la nada y es que tener que besar su mejilla después de besar sus labios, de sostener su mano a mantenerla al margen, puede ser la sensación más lesiva para ti mismo. Creo totalmente que la amistad no puede caber en corazones donde hay amor.

Aceptando, tendrás que asumir los riesgos de lo que sientes, pero sin tener derecho ya de mostrar ni decir nada, serás limitado o confrontado para que te quede claro que ya no debes ser afectivo, soportarás tus celos cuando alguien más le muestre interés y simplemente no puedas hacer nada. Deambularás con amargura y un sentimiento de soledad y desamor propio a cambio de migajas y desatenciones incuestionables.

Te será muy difícil y casi imposible soltar sentimentalmente a esa persona, y, pensar en conectar con otra, casi imposible, porque vivirás cada día bajo cierta esperanza de una reconciliación que quizá nunca llegue. La amistad después del amor no es una sana opción para ninguno de los dos.

La ruptura amorosa conlleva una ruptura total por el bienestar de ambos, irse por lo sano hasta vaciar la última gota de amor y si, después del paso del tiempo, coinciden nuevamente, sería probable vincular algún tipo de comunicación sin apegos ni confusiones.

Sucede algo diferente en la ruptura de pareja donde hay hijos de por medio. Sin duda alguna, ninguna separación se da en buenos términos, pueden fingir lo que quieran, pero llega el momento de decir aquello que se lleva atorado y, ya sea en pasividad o en euforia, se termina discutiendo y algunas veces explotando ya sea por ambas o por una sola parte. Llegar a acuerdos de quién se queda con el o los hijos es la primera batalla para algunos. Si existen bienes y un hogar propio, este es otro factor de discordia. Para otros, la cuestión de aportación económica y gastos resulta difícil de acordar, los accesos de tiempos y días para ver a los hijos es motivo de conflicto para muchos.

¿Cómo podría haber amistad aquí si el resentimiento de sus desacuerdos y el dolor de lidiar con la pérdida de la expectativa de una familia está latente? Resulta ser cuestión de tiempo el apaciguar las emociones encontrando paz, se necesita de madurez para resolver dichos conflictos pensando en el o los hijos y dejar de ser un engreído egoísta que sólo piensa en sí mismo.

Es importante la honorabilidad de ser responsable aportando lo que tienes que aportar para tu hijo, dejar lo que consideras otros objetivos para cumplir primero con el resultado de tu decisión de tener hijos y de separarte sin importar por los motivos que haya sido. Los hijos no tienen culpa de los problemas que no saben manejar sus padres y, bien o mal, ambos están y siempre estarán vinculados por ellos.

La amistad, en este caso, es posible después de un tiempo, cuando se llega y se cumplen los acuerdos, ya sea por cordialidad o por respeto a la expareja o a sus hijos por misma enseñanza a ellos, porque en estos casos tratar con amabilidad y respeto a la otra persona enseña a los hijos a tratar bien a las personas sin importar sus diferencias.

La amistad después del amor es posible sólo cuando los involucrados se permiten alejarse un tiempo bastante considerable, cuando han soltado aquel amor y pasión, cuando pueden contar su historia sin derramar una lagrima o sentir el mínimo escalofrío, cuando al fin dejan de sentir algo por esa persona y que, al verle, no sientan nada más que reconocimiento de un conocido y que, por supuesto, existe un interés mutuo para manejar una amistad. Sólo dependerá de la medida de amor que se tuvieron, qué tan grande y significativo fue como para no poner en riesgo el abrir viejas heridas y lastimarse sin sentido alguno. ¿Difícil? Claro, pero se debe tener mucha precaución si se toma la decisión.

Hay lecciones que te enseñan tanto que, después de querer algo serio, tan solo deseas algo sano.

Si eligió irse y no levanta un dedo para luchar por ti, tú levanta cinco dedos y dile adiós.

Máscaras

Existen personas que en el terreno de "la conquista", hacen uso de multifacéticas conductas que muestran comúnmente lo mejor de sí. Es casi imposible notar los defectos en los hábitos de quien llama nuestra atención, pues, en realidad, no conocemos a profundidad, en este aspecto, a quien pretende entrar a nuestro mundo sentimental. Por ello nos encontramos ante la disyuntiva de dejarnos llevar por lo que el otro nos muestra como una fachada principal de lo que en verdad es o al menos lo que nos muestra como una primera impresión.

La presentación de una persona para lograr infiltrarse a tu corazón es variable dependiendo de las circunstancias y el objetivo, así que es muy importante analizar bastante bien a las personas antes de entrar en posibles conflictos innecesarios.

Hay personas que son fáciles de descifrar por sus casi-directas intenciones insinuantes y está en cada persona entrar al juego o rechazar la oferta. Sólo procura no quejarte cuando te hayan aplastado porque tú mismo/a lo permitiste sabiendo de antemano lo que vendría y sabiendo lo que quería.

Hay otros que esconden bastante bien su verdadera personalidad y logran encubrirla con lo que consideran aceptable ante los ojos del otro, lo que haga posible para abrir las puertas a su terreno emocional. Son muy astutos en el arte del agrado y se muestran con naturalidad, merecedores de un premio Oscar por tan impresionante desempeño actoral.

Es bastante difícil darse cuenta de las máscaras que usan las personas. Unos te llegan por el romance y la pasión, otros, por el carisma y la diversión, algunos otros por el intelecto y el conocimiento. ¿Dónde encuentras verdad o mentira en ello?

Esa persona que se acerca a ti, mostrándose como un ser humano intachable, de nobleza pura, de valentía envidiable, un caballero o una dama inquebrantable y con un pensamiento y una conducta inigualable.

No todos son iguales, claro, ni en el terreno de la conquista ni en el terreno de la socialización. Están las personas admirables, las que suelen agradar hasta a los más exigentes paladares, aquellas que se muestran al natural, sin encubrimiento ni falsedad porque la única máscara que saben usar es la de la aceptación de sí mismos, la de quien realmente son, le parezca bien al otro o no, sin implicar o molestar a nadie, pero sí plantándose en sus ideales y conduciéndose con propiedad en sus actos. Estas personas se conocen bastante bien a sí mismas y saben amarse por lo que son, sin necesidad de pretensiones.

¿Qué te hará ver a través de las máscaras y conocer a fondo sus verdaderos colores? Hay dos cosas que pondrán a prueba cada palabra saliente de esos labios, y las intenciones: los ojos y las acciones.

Dicen que los ojos son las ventanas del alma y tienen toda la razón. La boca podrá edificarte un mundo mágico lleno de majestuosos amaneceres, o proclamar tu amor con los versos y frases más sublimes del universo, aunque hay bocas que me parecen tan incongruentes porque les cuesta tanto expresarse cuando vienen de corazones enamorados, como si hubiera algo dentro de ellos mucho más fuerte como para no saber o no poder expresarse y dicen que les cuesta tanto poder decir lo que piensan y sienten, pero les resulta tan fácil despotricar maldiciones e insultos cuando están enojadas, ahí no existe problema alguno para decirle al otro las peores cosas, mientras más dolosas, hirientes o humillantes, mejor. Hay bocas hipócritas viviendo en la dualidad de sus impulsos y no de lo que existe en lo hondo de su interior.

Las máscaras que usan suelen estar maquilladas de lágrimas y nobleza, a veces logran hacer caer a quien tanto insistieron y durante un tiempo camuflajéan su identidad, pero créeme que después de un tiempo, y sin que él mismo se dé cuenta, verás su alma tal cual es, a través de sus ojos, a través de sus actos, a través de sus palabras o a través de sus pensamientos porque, como ya lo mencioné, las personas dañinas y lesivas no cambian jamás, sólo fingen hacerlo para recuperarte.

Una mirada posee la capacidad de decir lo que la boca no puede, hay miradas que matan y miradas que atrapan, en ellas podemos ver un amor profundo e indudablemente honesto o una retórica muestra de indiferencia y rechazo. La mirada es capaz de decirte lo mucho que te extraña, te grita ante una boca muda y responde mucho más claro a cualquier pregunta.

Mirar a una persona a los ojos te hace ver a través de ellos todos los colores de su universo. Se puede fingir lo que se quiera fingir, pero una mirada siempre te confesará todo.

En las acciones, lleva tiempo darse cuenta de quién vive detrás de la máscara, pero el momento siempre llega. Al final, quién siembra mentira, cosecha desconfianza.

Por lo regular los manipuladores se comportan como quieres tú que se comporten, evitan sus propios gustos si saben que no son de tu agrado. Si a ti, por ejemplo te gusta el futbol o un tipo de comida o tienes cierto gusto musical, el otro aparentará que también le gusta o que al menos lo tolera sin problema para poder agradar. Es triste, pero algunos prefieren engañarse a sí mismos para agradar o conquistar al otro. Si la relación crece y llegan a un tiempo considerable ya juntos, podrás ir notando progresivamente ciertas cosas que te desencajarán de él/ella. Le dirás que está cambiando, que no es el mismo y seguramente querrá culparte a ti de "sus cambios", pero lo que sucede es que se ha cansado de portar esa máscara que usó, ya le es pesada y se ha vuelto una carga, comienza a mostrarse tal cual es y muchas veces no nota sus actos tan diferentes a los que solía tener.

El matrimonio es la prueba letal para los que creen conocer a quien tienen a su lado cuando de máscaras hablamos. También existen los que ya notaron discrepancia en sus palabras y sus actos, pero aun así eligen el matrimonio esperando que las cosas cambien o mejoren con ello, como si eso fuera a ocurrir.

Cuando se entra al matrimonio, inmediatamente las máscaras caen al piso y son enterradas, no destruidas, destruidas aún no, porque pueden servir de ayuda para una ocasión de desesperante reconciliación. En ésta etapa conocemos desde los hábitos más comunes hasta los hábitos más radicales del otro.

Si fuiste un simulador o la victima de uno, la decepción llegará pronto, cuando conocer al otro como en realidad es te alcance. Cuando pase más de un año y exista deterioro, pero tengas que estar ahí soportando y resistiendo, quejándote sin buscar soluciones, no serás feliz ni estarás ahí por amor, sólo te habrás adaptado a la costumbre y los niveles de una posible ruptura serán altos.

Toda máscara cae cuando te encuentras en soledad y dejas de pretender, pero, ¿qué necesidad existe para ponértelas? ¿La inseguridad de mostrarte a ti mismo? ¿El temor al rechazo? ¿Lucir y ganar a base de mentiras? Qué triste que muchos anden por ahí siéndose infieles a sí mismos, interpretando un papel del personaje que idealizan y quisieran ser mientras le mienten al mundo y, al final del día, sólo les queda ser ellos y tengan que soportar esa incomodidad cuando debería ser un orgullo. Pocos se atreven a ser reales sin tener que escupirle en la cara a nadie.

Vivir sin máscaras y ser tú mismo, mostrarte tal cual eres, es sano para ti, para tu relación y para quienes te rodean. En verdad no eres lo que haces frente a todos, sino lo que haces cuando nadie te mira, eso es lo que eres. Si te van a aceptar, que te acepten tal cual eres, eso vale más que cualquier cosa en el mundo. Quien te acepta sin querer cambiarte, que tenga sólo la intención de mejorar y que también tú tengas esa intención natural, sólo así podrán perdurar.

Claro-oscuro

Existen personas que te hablarán bonito y se acercarán a ti con tan gran sutileza que envolverá tus más recónditos sentimientos para enfocarlos en su persona. Desgraciadamente, no conocerás sus firmes intenciones hasta entrar al terreno de las realidades.

Si las personas fueran honestas en sus pretensiones no habría tantos corazones rotos ni sentimientos hechos trizas, tampoco habría posturas hostiles cuando los honestos y de amor real se acercaran. Habría más mentalidades abiertas y menos cerradas, dudaríamos menos y sentiríamos más.

Lamentablemente, nos encontramos ante una sociedad donde existen las simulaciones en sus relaciones interpersonales, en busca de un objetivo personal y algunas veces algo peculiar.

Si las personas fueran honestas para decirte que buscan una relación casual, donde el compromiso sea lo de menos y el sexo sea su intención real, nos evitaríamos penas innecesarias, confusiones sin sentido y sentimientos perdidos en el olvido.

¿Te gusta ser enamorado/a e ilusionado/a? A todos nos gusta esa sensación en la etapa del cortejo y el enamoramiento, pero es de las acciones más ruines cuando viene de personas que sólo te quieren para un momento. No está mal sentir deseo e inquietudes, el problema es cuando fornicas su alma sólo para fornicar su cuerpo; el problema es cuando despiertas sus sentimientos sólo para despejar su sexo. El problema es que le conquistas teniendo como objetivo bajarle las bragas y dejándole a medias tintas. El gran y jodido problema es que le digas que le amas sólo para escapar de tu miserable vida. Que le tengas allí, en la fragancia de las falsas ilusiones para distraerte en tus momentos de soledad.

Podríamos ser más claros y menos oscuros, ser directos y precisos para evitarnos lo injusto. Háblale con verdad, siempre y cuando quepa la prudencia sin faltar a su honorabilidad. Díselo como quieras, es más, pero dile la verdad. Dile que sólo quieres sexo casual, que le deseas porque en ti genera un cúmulo de apetito sexual. Dile que sólo quieres cogértela y evitar las formalidades y los compromisos, pues eso sólo te aparta de ti mismo. Háblale claro, porque de todas maneras somos humanos, porque igual y en una de esas te dice que acepta, quizás te sorprenda y te diga que acepta tu propuesta, porque, así como a ti se te pone duro, a ellas también se les moja la intimidad. Quizá tengas la suerte de emparejar con alguien que comparta tu forma de pensar, pero, si no es así, si te dice que no está interesada, déjale de molestar, que así como tuviste los huevos de proponer también los tengas para disponer. Nadie merece ser atrapado por falsedades y supuestos sentimientos reales con intenciones meramente sexuales, ni tampoco ser juguete ni objeto de nadie sólo para cubrir sus propias necesidades.

Si sólo quieres a alguien que te escuche, ve con tus amistades; si quieres a quien te apoye, ve con tus familiares; si sólo quieres quien te ayude a resolver tus conflictos y tus penas, acude a un buen psicólogo que de ellos hay en centenas; si quieres complacer tus necesidades sexuales o alguien con quien distraerte, hazte un amante sin pena, dile claro que quieres un acompañante de viajes, de besos, de caricias, de "quita ganas" pasionales, de palabrerías lindas, alguien que te saque de la rutina, de salidas a bares o cantinas, de idas al cine y cenas sin prisas, pídele que sea tu acompañante y tu amante, pero no seas tan bajo como para ponerte a despertar corazones a cambio de tus atenciones, no seas tan miserable como para hacerle creer que estarán juntos toda una vida con tal de mantenerle a tu lado bajo una esperanza inexistente. Dile que es temporal, que llegará el día en que todo terminará y así verás que quizá sepa jugar mejor y por ende la pasen mucho mejor de lo que planeas, sin compromisos ni penas.

Una pareja está para ofrecerte todo eso y más:

Tú te mereces una pareja real, no como las desechables tentativas a dejar, de esas parejas tradicionales, entregadas, románticas, apasionadas, sentimentales y formales, dispuestas a honrarte y amarte limpiamente y sin intención de lastimarte, mucho menos sin intención de dejarte. Te mereces... te mereces a alguien sin banalidades ni inseguridades, donde no quepa duda alguna de amarte, donde seas tú en quien siempre quieran refugiarse. Mereces recibir el amor que sabes dar, el respeto, la atención y el lugar. Mereces la vida que tanto deseas, compartirla con quien tanto piensas, con quien vive en tu corazón y comparte tu sentir. Mereces a alguien con quien seas lluvia, fuego, tierra y viento, alguien con no quieras que transcurra el tiempo.

Vive amando y ama viviendo, que la vida es el libro de los hechos, no de los intentos. Te mereces a alguien que les hable a todos de ti como si hubiera descubierto una galaxia, la más increíble de todas.

Ten tus principios y valores bien cimentados sin dañar a nadie, ni a ti mismo. Recuerda que detrás de nosotros vienen hijos o familiares a quien debemos enseñar a tratar a los demás como a ellos mismos.

En el amor hay que ser honestos, amar sin culpa y sin pretextos. No se puede andar amando un día sí y al otro no, porque para amar se necesita de mucha seguridad, confianza y valentía. Sea realmente honesto, aléjese si no tiene buena intención y no cause dolor ni rompa un corazón.

Todos podemos, en algún momento, sentir deseo por alguien, somos humanos y nacimos con ello, pero cuando sientes amor, el único deseo que sientes por esa persona es el de verle, escucharle y conocerle por completo. Lo menos que notas son las curvas de su cuerpo y mucho menos piensas en el sexo, tu atención se dirige a lo que le da vida, alegría y le pinta una sonrisa, así como a aquello que le angustia, le disgusta y le atemoriza. Tu interés real se encuentra en otra parte, lejos de lo burdo, lo instantáneo e insignificante. Tu pasión emocional es la suya cuando te cuenta algo y no sabes quién es más feliz, si esa persona, o tú, al verle sonreír. Lloras a su lado por sus tristezas y añoras que sus sueños dejen de ser sólo promesas, luchas encarecidamente por estar ahí, entregado en una totalidad rumbo a una vida sin fin. Te diré algo claro y preciso: existen dos formas de intención, la que proviene del deseo sexual y la que proviene del corazón, la primera es la única con fecha de caducidad.

Para el idiota, eres un mujerón al ver tus oscilantes curvas, siendo un manjar visual y el estímulo excitante a su respuesta incesante. Eres un mujerón cuando degusta su paladar auditivo al escucharte decir lo que quiere que digas. Para el idiota eres un mujerón cuando te sometes a sus peticiones particulares y algo peculiares sin importarle si van contigo o no. Te diré algo, corazón: no eres un mujerón por algo tan burdo y pasajero como tu figura ni la moda que vistes o las cirugías llenas de apariencias. Tú eres un mujerón por el lugar que te das, por la nobleza que entregas y la inteligencia que desbordas, por tu retórica al sustentar tu postura ante algo en lo que crees. Eres un mujerón por lo que compartes y lo que viene de ti como una emisión irradiante de luz, amor y serenidad. Eres un tremendo mujerón cuando abres tu alma siendo honesta y cálida hasta con quien no merece que lo seas, un mujerón cuando la curva más hermosa de ti emerge para el mundo entero, esa que se pinta en tu rostro cuando eres feliz.

A veces no podemos predecir la tormenta,
pero podemos construirnos un arca.

Sin retrovisores

> Te desencantan las palabras, pero
> te desenamoran las acciones.

La nostalgia es seductora, desprendernos de los recuerdos nos cuesta tanto porque fueron momentos que nos dieron felicidad en su tiempo y elegimos regresar a través de éstas memorias para revivir lo que sentíamos. Literalmente podemos transportarnos a aquellas emociones y esto nos hace engañarnos, nos hace creer que podemos volver a esa misma felicidad regresando con esa persona a pesar del dolor que nos causó, a pesar de la deslealtad y el cómo aplastó hasta nuestra dignidad.

Muchos evalúan las cosas e intentan justificar los motivos de sus errores, imaginan las posibilidades de un retorno, un perdón y un olvido con la esperanza de que todo regrese a su lugar y las cosas sean ya diferentes.

No es imposible cambiar hábitos, al reconocerlos y aceptarlos siendo verdaderamente consciente de ellos tenemos la capacidad de mejorarlos cuando de voluntad y de amor se trata. Sin embargo, una personalidad forjada no cambia, una persona que te fue infiel, desleal, que te agredió psicológica y físicamente, ya midió tu terreno y volverá a repetir esas conductas tarde o temprano. Cuando una situación detonante emerja, brotará esa realidad de lo que es la persona y lo que representas tú ante ella.

Aquel que se fue de la peor manera e intenta regresar a tu lado mostrará arrepentimiento, simulará mejoramiento, prometerá un cambio radical, se humillará si es necesario para conseguir tu perdón y tu olvido y para regresar a tu lado a toda costa. En estos intentos de frustración, si la respuesta a sus intenciones es negativa, podrás ver cómo se muestra tal cual es, que no habrá ningún cambio en su persona en realidad porque reiniciarán las amenazas, las agresiones, las promesas, las palabras y dedicatorias llenas de resentimiento y entonces será sólo una persona actuando a su conveniencia, sin definición clara de su persona ni de sus intenciones. Recuerda que lo que con palabras se edifica, con acciones se derrumba.

Este tipo de personas que directamente y conscientemente actuaron de tal manera para lesionarte, o no les importó haber hecho lo que hicieron, atentando contra su relación y contra ti, hacen lo posible por volver contigo, no porque te aman sino porque, después de lo que te hicieron, viven aterrorizados pensando que sin duda encontrarás a alguien mejor para tu vida y su orgullo y su soberbia no les permitirá aceptarlo jamás, tanto que te amenazarán constantemente con joderte la vida a ti o a tu posible pretendiente que, ante sus ojos ,ni siquiera existe aún.

(Si es el caso) Te amedrentará con quitarte a tus hijos para mantenerte controlada todo el tiempo y así darse el margen necesario para poder convencerte de su propósito de regresar a su lado o de al menos mantenerte justo donde quiere: a la deriva. Lo que muchos desequilibrados dicen: "si no eres para mí, no serás para nadie".

Sin respeto, el amor se evapora, pierde su mágico toque y se difumina entre agobiantes tratos. Deseas no verle y evitarle, su presencia incomoda y la relación se hace trizas. Sin respeto, las cosas se pierden, tarde o temprano abandonas a quien le falta a tu persona. Ya sea en palabras, en intenciones o en acciones, si te falta el respeto, le faltó a todo.

Sin celos, el amor es aburrido. Honestamente, a algunos nos gusta sentirnos celados porque eso nos da la sensación de ser queridos y apreciados. Sin duda existe un límite y, como en todo, los excesos son malos. Cuando se sobrepasa la línea de los celos posesivos, lo bonito se pierde y la relación se vuelve enfermiza. Aprende a celar y a ser celado, a saber distinguirlo y dirigirlo a lo sano.

Sin honestidad el amor se opaca, perder la confianza en alguien es como una taza que, al quebrarse, por más que intentas unir sus partes rotas, queda entre brechas y maltrecha, con fuga de sentimientos constantes y todo se vuelve difícil y triste.

Sin confianza, el amor se vuelve inestable, siendo esta una de las bases primordiales de una relación sólida, perderla es letal ante el futuro, volviéndolo confuso y llenándolo de dudas, inquietante y con esa sensación de intriga innecesaria. Vivirás cada día con cierta angustia pensando si otra vez te están engañando y la paranoia se volverá la nube que te perturba, arrancándote la tranquilidad y teniéndote en una infelicidad.

Quien te ama de verdad, y es de una postura más centrada y madura, luchará por ti limpiamente, como tiene que ser. Porque en este tiempo es lamentable que haya personas que en vez de aprender a luchar por alguien, prefieran aprender a soltar sin haberlo intentado. El tipo de persona digna y que te ama de corazón, llega al punto del entendimiento, del no retorno, cuando no ve posibilidad absoluta y, aunque muera por dentro, se marchará dignamente para él y para ti.

Entenderá principalmente que la decisión de "no querer nada" es de quien la toma y no se puede hacer más para cambiarlo, sólo asumir, aceptar y dejar fluir con honor y amor propio. Sin importar los motivos, la distancia y la nula comunicación, siempre estará pidiendo por tu bien, cada día vivirá preocupado por ti y en cierta cercanía espiritual contigo, deseando que estés teniendo la vida que te de tranquilidad y alegría. Esa persona te seguirá abrazando ante la distancia.

Dicen que el verdadero amor perdona, pero el verdadero amor ni siquiera se atreve a lastimar, porque te juro que, cuando se está verdaderamente enamorado de alguien, hasta le proteges de tu lado oscuro para no lesionarle, haces lo que esté en tus manos para no dañarle y créeme que, aunque se tenga todo para despedazarle, si todo terminó, ni así mueves un dedo en su contra porque dignificas tu amor.

¿Cómo saber cuándo vale la pena o no regresar con una expareja? Eso dependerá del tipo de daño que te ocasionó, de lo que hizo para lograr lesionarte tanto como para sentirte averiado/a. Si llegó a decepcionarte a tiempo, probablemente te estés salvando de algo peor.

Reconocerás, después de evaluarlo y haber tenido que lidiar con el dolor de la separación, si es posible que funcionen o no las cosas. Sobre todo lo sabrás después de darte un tiempo, porque cuando nos alejamos después del rompimiento es cuando logramos ver desde otra perspectiva, como desde una parte alta y mirando hacia abajo con una lupa en mano, y vemos las cosas con más claridad.

Hay heridas que nunca será posible cerrar, heridas que tenderán a brotar si decides volver con quien te lastimó y después de hacerlo no mostró arrepentimiento, sino que se fue tranquilamente a dormir mientras tu llorabas.

Debes ser honesto contigo, ser consciente de que regresar al lado de quien te faltó el respeto, te quitó tu lugar deliberadamente, te pidió buscar amor en otro lado o eligió a alguien más antes que a ti, no merece tu regreso.

Si es momento de irse, si fuiste severamente dañado y fuertemente atropellado, vete y no mires atrás, es momento de enfocarte en lo que verdaderamente importa. Hay personas que te olvidaron a ti con tanta facilidad como se les olvida un paraguas y sólo te recuerdan cuando llueve en su vida, esa clase de persona es la que no tiene nada que hacer de vuelta en tu vida.

Irte cuando no hay más que hacer es una cuestión de valentía, pero irse también requiere de un alto grado de gentileza para no dejarle en agonía. Si quieres irte, vete, pero hazlo bien, no te atrevas a intentar convertir a esa persona en tu amigo/a con beneficios para matar tus ratos de soledad, no tengas la cobardía de conservarle para tus días fríos y de tristeza, esperando tener ahí a tu consuelo para cuando alguien más te falle. Puede que no sepas si estás listo/a para continuar con tu vida sin él/ella, pero nadie tiene que estar para alguien que ya no sabe lo que quiere. Si te vas, vete bien, haz las cosas completas y no yéndote a medias. Si te vas, hazlo sin penas, sin condiciones y sin treguas, con los recuerdos bajo llave y con el corazón en reserva. Si te vas, vete bien, sin mentiras disfrazadas ni verdades reprimidas, con el alma entera antes de hacerse trizas. Vete para siempre sin intenciones de regreso, ya que si decides irte es porque mereces algo mejor que eso. Si te vas, vete con seguridad, con un ciclo quizá no cerrado pero con la certeza de lograrlo. Vete sin dilemas, sin temores ni rabietas, con el miedo sobre la mano, caminando hasta soltarlo. Vete por amor, pero por amor propio, por tu dignidad y por el todo. Vete por ti, después de haberlo intentado, después de haberlo dado todo, después de haberlo soportado y después de que no haya quedado nada más que hacer y ¿sabes por qué?, porque esa será la única manera para jamás volver sin remordimientos y volviendo a la fe.

Aunque el camino es tempestuoso, con un clima frío y nublado, conduce con cuidado y evita voltear cada vez menos a través de los retrovisores.

Hay heridas que son digeribles si la relación terminó por cuestiones que no se supieron manejar y en las que no se llegó a lesiones de agresión verbal, ni física ni de infidelidad. Hay relaciones que terminaron sin haber cerrado el trato, quedando a cierta deriva con brechas indecisas e intenciones de regreso. Creo que esas son las que hay que pensarse y que pueden valer la pena como un posible retorno, siempre y cuando se hable y se llegue a un acuerdo, y los ánimos sean mutuos.

Sabrás que realmente fue amor cuando no se convierte en odio a pesar de la decepción y el dolor que te causó; cuando conservarás un amor encapsulado en el fondo de tu corazón, arraigado y bien guardado en un lugar especial e intocable, porque aunque te digas lo que te digas, sabes bien que ese fue el amor de toda tu vida.

No seas piedra en el camino de nadie, mejor sé la luz, el antídoto y el único camino digno de mirar y de recorrer. Tal vez no le habrás dado lo mejor del mundo o todo aquello que deseaste, tal vez no fue su momento, tal vez vuelvan a cruzar sus caminos cuando hayan crecido emocionalmente y sean más maduros para saber afrontar el todo. Dicen que cuando conoces a la persona correcta en el momento equivocado, la vida volverá a juntarlos. Tal vez hasta entonces sean los indicados para estar juntos, tal vez... Pero quédate tranquilo/a sabiendo que le diste lo mejor de ti y justo esa parte es la que te llevará al camino del *renacer*.

No te preocupes por las heridas que dejaste, sanarán algún día, preocúpate tú, que tendrás que pagar por cada una de ellas.

Después de una ruptura que no pediste, comenzarás a arrancar todo aquello que viviste, pero, antes de amar tu todo, aprenderás a amar tus heridas. Sin implosión no hay luz y sin quebrantamiento no hay sabiduría.

Capítulo IV
Renacer

Después de tocar fondo, de llegar a una situación límite, ahí comienza la revolución personal, el reinicio espiritual y el verdadero conocimiento del amor propio, el revalorarte y aceptar todo lo que eres y representas porque, si llegaste a amar tanto a la persona equivocada, imagina cuánto podrás amar a la persona correcta.

Es preferible que te llamenególatra o soberbio aunque no entiendan que estás luchando por no caer otra vez, aunque no puedan ver tu bandera de renacimiento personal, aunque no puedan percibir que vienes de un pasado tan doloroso, el cual no deben juzgar, pero que, gracias a ello, aprendiste a brillar en la oscuridad y a siempre sonreír ante la tempestad. Te van a criticar, hablarán de ti, se van a reír de ti, inclusive te reprocharán que ya no eres como antes sin ponerse a pensar qué fue lo que te hizo cambiar, pero cambiar para bien, con mejoría para ti mismo y para los demás. Es mejor que te llamen como quieran hacerlo, lo que piensen de ti es asunto de ellos, porque no saben distinguir o reconocer la autoestima y la seguridad que aprendiste a postergar en ti, no por querer ser mejor que alguien, sino por ser mejor que tú mismo/a y aquello que perdiste temporalmente en "la caída".

Aquel dolor tan corrosivo, del que pensaste jamás saldrías, terminó por llenarte de aprendizaje y un enorme amor propio. Mejor eso a que te llamen inseguro y de poca valía.

Existen personas que siembran en otros la confianza en sí mismos y en el potencial que tienen para lograr todo lo que se propongan, así que no demerites ni estropees ese logro personal en alguien que se atrevió a romper con las cadenas que lo ataban y a salir del hoyo donde se encontraba. Tú no tienes una jodida idea por todo lo que pasó para conseguir la autoestima que tú confundes con arrogancia o egolatría.

Yoshinori Noguchi, en su libro *La Ley del Espejo* (2006), refiere su técnica del espejo como un reflejo de nosotros mismos proyectado en otra persona, es decir que lo que vemos en los demás es algo que habita en nuestro interior. Yo lo explicó con las siguientes cuatro leyes:

Primera ley del espejo:

Todo lo que me molesta, irrita, enoja o quiero cambiar del otro, está dentro de mí.

Segunda ley del espejo:

Todo lo que me critica, combate o juzga el otro, si logra molestarme o herirme, está dentro de mí y me toca a mí trabajarlo.

Tercera ley del espejo:

Todo lo que el otro me critica, juzga o quiere cambiar de mí, sin que a mí me afecte, le pertenece al otro.

Cuarta ley del espejo:

Todo lo que me gusta del otro, lo que amo en él, también está dentro de mí. Reconozco mis cualidades y virtudes en otros.

Ten en cuenta que en este mundo existen dos clases de personas: las que fueron dañadas y por ello destruyen otras vidas en vez de sanarse a sí mismas y las que fueron severamente heridas, pero se sanan, aprenden la lección y continúan adelante con la mentalidad de jamás dañar a nadie, porque temen hacerle sentir el dolor que ellas viven.

La oportunidad de empezar de nuevo como una versión mejorada está a tu alcance. Confía en ti, cree en ti. La voluntad forma parte de tu nueva armadura, tus metas y objetivos, tus nuevos aliados, los que amas y los que te aman se vuelven tu bastión. El nuevo tú, apenas comienza.

La religión es para los que no quieren ir al infierno, la espiritualidad es para los que venimos de ahí.

Frase atribuida a Borja Vilaseca

Transformación espiritual

> Debes saber que, para curar una herida,
> es necesario dejar de tocarla.

Hay quienes se sienten miserables gran parte de su vida y se la pasan culpando a los demás de su desdicha, van por la vida causando el mismo dolor que les causaron y hay quienes, de su dolor, crean música, poesía, literatura. Así que toma tu dolor y conviértelo en arte, porque las mejores cosas de la vida suelen hacerse a partir de un corazón roto.

Comienza por contarlo a una sola persona de toda tu confianza, esto te ayudará a ver lo que en ese momento se te dificulta ver a ti. Evita decírselo a todos porque, en realidad, a la mayoría le importa poco y sólo juzga las cosas desde su perspectiva y ejerce una opinión sin en realidad conocer las cosas, la mayoría disfruta del espectáculo y se burla de tu situación mientras más pública la haces.

Dañar la imagen de la persona que te hizo feliz en su momento, es como tragar veneno esperando que el otro muera. Sé amable y respetuoso de lo que fue y de quien es. Procura cuidar tus palabras después de aquel dolor.

Finalmente, esa persona te hizo muy feliz en su momento, las consciencias nunca permanecen tranquilas cuando agitan desmedidamente palabras y actos de resentimiento. Se vuelve contraproducente, además, porque, si decides regresar con quien tanto despotricaste en su contra, habrás colocado un arma en tu propia boca, no sabrás entonces qué será más vergonzoso y decepcionante sobrellevar, si los señalamientos de quienes te escucharon, el haber comprobado que no hubo cambio, o el vivir bajo el agobio en el que no se siente ya nada más que ese ambiente hostil envuelto de hipocresía y poca templanza. Si te tragaras tus palabras, ¿te nutrirías o te envenenarías?

Si tu ruptura y tu dolor llevaron un proceso, tu sanación también lo lleva. Es difícil saber por dónde comenzar, por supuesto, pero en ello también existe una serie de pasos donde poco a poco podrás llegar al encuentro más importante de toda tu vida, el *encuentro contigo mismo.*

Escríbelo para tener frente a ti lo que merodea en tu cabeza y no puedes armar por tantos pensamientos encontrados y mal organizados. Escribe todo lo que piensas y sientes, haz una lista de pros y contras por la relación terminada y evalúa ahora tu propia conveniencia, no por egoísta, sino por amor y valor a ti mismo. Plasma en un papel lo sucedido, el cómo te sientes ahora y el qué deseas en adelante. Escribe y describe cada una de tus emociones y libera tu historia para apreciarla con otros ojos, una visión distinta.

Lloralo tantas veces como sean necesarias, golpea tu almohada y grítalo con todas tus fuerzas. Estás en proceso de desintoxicar el corazón, de sanar tu alma, de buscar tu calma. Es momento de pasar la página, un capítulo más agregado a tu vida que te dio una lección. Es la oportunidad de escribir de nuevo tu propio libro, de drenar todo el dolor, de sacar tus malestares para dejarlos enterrados, no olvidados, olvidados jamás, porque serán ellos tu recuerdo para no volver a repetirlo, para reconocer cuando alguien te lastime o intente lastimarte, para darte cuenta del amor a medias que te ofrecen y lo que no mereces. Los recuerdos sólo serán recuerdos cuando al fin hayas logrado vaciar aquello que logró transgredir tu humanidad, pero ya no más tu presente ni mucho menos tu futuro. Así que lloralo y deja salir a ríos, si es necesario, lo que tiene inundada tu alma, lo que tiene ahogada tu calma.

Grítalo, déjale a tu alma expresarse a través de tu boca para no ahogar tus pensamientos, grítalo para no dejar hundir tus emociones en ese mar profundo lleno de tiburones internos. Grítalo para ti, para nadie más, porque no son los demás quienes tienen culpa del dolor que se atravesó en tu caminar. Grítalo tan alto como puedas y deja ir así toda la energía negativa que te controla, no olvides nunca que el cuerpo es el campo de batalla de nuestras emociones.

Óralo porque, aunque no seas creyente, acercarse a la espiritualidad te dará aquella paz que necesitas contemplar para llegar a conocer tu nivel de bondad, tu yo interior y tu nuevo nivel de consciencia sobre todas las cosas que rodean tu vida. Tu fe te guiará por el camino de las posibilidades, la energía del universo, de la vida y del creador, se postrará sobre ti y encontrarás un refugio donde te reconocerás a ti mismo como amo y dueño de tu propia existencia. Junta tus manos en medio de la desolación, inclina tu frente y pide en tu mente, en voz baja o en voz alta, que la paz, el amor, la fuerza y la voluntad entren en ti y en la vida de esa persona que amas, porque una plegaria tiene mucho más valor cuando de otros se trata.

Confróntalo, porque para superar el dolor no debes rodear el problema sino entenderlo, caer en el error de la evitación sólo mantendrá tu sentimiento atorado y no podrás darle vuelta a la página que necesitas cambiar. Esa espina clavada de no haber dicho todo lo que tienes que decir sólo te aquejará de por vida.

Todo aquello que mantenemos como una emoción reprimida buscará una salida por una u otra vía, ya sea en lágrimas, en conductas, en sueños, en hábitos, en formas y figuras que perturbarán tu condición durante un largo periodo de tiempo. Ten el valor de hablar contigo mismo y con esa persona, entierra tu absurdo orgullo y búscale para ponerte de frente a él/ ella, así como lo hiciste cuando le buscaste por amor e interés de construir algo, dile todo lo que tengas que decirle, proponle alternativas si es el caso y si es necesario ya sea para comenzar de nuevo a su lado o comenzar de nuevo solo/a, y, si luchas por el todo pero ya no encuentras nada, mírale con bondad y agradécele, perdónale y suéltale.

Agradécele por el tiempo que te dio, por aquellas palabras de aliento, por su apoyo que tanto sostuvo tus sueños, por el impulso que le dio a tus miedos. Agradécele por haberte amado y darte a ti los sentimientos que no quiso darle a nadie más, por abrir espacio en su vida tratando de completar la tuya. Agradécele por haber aguantado tus propios malestares, por haber callado cuando le diste motivos para hablar de más, por permanecer ahí por voluntad propia y no porque se lo pediste. Agradécele el aprendizaje y la experiencia que te dio y que, por ende, te otorgó hoy sabiduría. Agradécele por los esfuerzos que hizo por verte sonreír, por haberte escuchado cuando nadie más lo hizo y haber llorado a tu lado compartiendo tu dolor. Agradécele por sus palabras, que venían de emociones generadas por ti y para ti. Reconócele lo que tuvo que dejarse de lado a sí mismo tratando de llenarte a ti para que no te hundieras, logrando sostener tu mano y levantándote en cada caída que tuviste.

Perdónale por no haber sabido manejar la situación, porque, si cada cabeza es un mundo, hay para quienes cada cabeza es un universo. Perdónale por el daño que te hizo, porque sólo perdonando a quien te lastima tendrás tu propia libertad, habrás arrojado al mar aquel dolor y podrás desintoxicar un veneno que inyectaron en ti sin que lo hayas pedido.

Perdonar no significa cambiar el pasado, cambiarlo es imposible, significa que estas cambiando el rumbo de tu futuro, consiguiendo esa tranquilidad en tu presente. Cuando perdonamos, logramos perder algunos kilos cuando estamos sobre la báscula, dejamos caer lo que pesa en nuestra espalda.

Perdónate también a ti mismo/a por haber aceptado que alguien te tratara mal, por haberle permitido que te pisoteara y haber soportado lo que no debiste soportar. Perdónate por haberle dejado hacerte sentir de todo menos completo/a. Vive sin rencor, trata de no sufrir de amnesia. Perdónate por haber llegado tan lejos con alguien que quizá no merecía tu compañía ni a la esquina.

Perdonar no es olvidar, es sólo dejar ir tu propio dolor. Perdonar es hacer las paces con la vida y las culpas que le reprochaste, es mirar de frente y aceptar tus propios errores. Si lo logras, siendo esto de corazón y no sólo de palabras, habrás aprendido a perdonar lo inimaginable y a empezarás a vivir libre.

Suéltale, que después de haber sacado de tu alma aquello que te daba esa sensación de pesadez, es momento de levantarte y sacudirte, de caminar hacia adelante agarrado bien fuerte de ti mismo/a, tomado de la mano de los que están ahí para ti, los que te aman y esperan con ansias el regreso de tu hermosa existencia, los que te conocen y saben perfectamente quién eres, el valor que tienes y lo importante que eres para ellos. Ahí están frente a ti esas personas, hasta aquellas que no imaginabas que lo estarían, pero puedes reconocer sus rostros cuando los ves y puedes ver sus sonrisas al verte recuperado/a, comparten la alegría de tu sanación y aplauden tu enorme valor. Celebra tu nuevo yo.

Retomando palabras de Miguel Ruiz, en su libro *Los Cuatro Acuerdos*[1], que mencionan lo importante que es para las personas la práctica de la comunicación con el

---

[1] Ruiz, Miguel. *Los Cuatro Acuerdos: Un libro de sabiduría tolteca.* Editorial Urano, 1997.

otro: "Sé impecable con la palabra", lo cual no quiere decir que hables correctamente o con propiedad, sino que expreses tu sentir con paz y bondad.

Las peleas sin sentido, después de las rupturas o discusiones entre parejas o entre otras personas, suelen ser impulsos desligados de lo que pensamos a lo que sentimos. Nuestra propia mente nos juega una mala pasada y muchas veces decimos lo que ni siquiera sentimos, no medimos las consecuencias ni valoramos el poder de la palabra: su feroz alcance puede llevar algunas cosas al no retorno.

Las personas suelen recordarte por tus actos, pero te recuerdan aún más por tus palabras y por lo que les haces sentir, ya sea lo más maravilloso de su vida o lo más doloroso; por aquello que salió de tu boca y aportó un cúmulo o un vacío, un impulso o un demérito, una irradiante alegría o una profunda tristeza, una esperanza o un derrumbe, un sentimiento de amor único, inapelable, irrepetible e inigualable o un dolor que pareciera interminable. Las palabras no se las lleva ningún viento, estas pueden ser tu don o tu maldición, provenientes de una raíz proyectada de ti mismo, dejando al descubierto tu propia imagen y quién eres realmente.

Aprende a decir lo que te molesta cuando te moleste y no cuando explotes, porque sólo así podrás decirlo con tus mejores palabras y no con tus mejores ofensas. Si actuaste mal o dijiste algo fuera de lugar, discúlpate y ya, deja de inventar pretextos absurdos que ni tú mismo te crees. Madurar y ser correcto es parte del proceso, a todos nos pasa, nos dejamos llevar por el momento y nos volvemos emocionales, pero eso no quiere decir que sintamos realmente aquello que salió de nuestra boca, la emoción y el sentimiento son cosas diferentes. Por eso sé impecable con la palabra, exterioriza tus pensamientos y sentimientos a través de un puente de luz y no de oscuridad, aporta y no contamines, ofrece amor, que de odio y dolor el mundo ya está lleno. Ello dependerá primero de hablarle a tu propia consciencia, hacer las paces contigo mismo/a y armar tu propio rompecabezas espiritual.

Necesitas forjar tus principios e ideales, poner en marcha tu máquina interna consolidada de un universo tratando de conquistar constelaciones. Al final, valdrá la pena para ti, encontrarás una paz merodeando alrededor de tu corazón, construyendo alianza con tus propios demonios y tus más grandes temores, comenzarás a ver la vida de una manera distinta y tus relaciones interpersonales te serán aún más importantes, las valorarás más y les apreciarás por sus mentalidades, no por algo tan burdo como las apariencias ni mucho menos su vida de materialidades.

Cuando entendamos el poder de la palabra, conectaremos más el uso de la razón con el corazón y el impulso con la empatía, tenderemos a ayudar a todos y servir a los demás, dejaremos de juzgar y calificar, entregaremos verdad y silenciaremos la mentira, destruiremos la máscara de la simulación para empezar a ser luz creada por uno mismo en vez de ir por ahí apagándole la luz a otros o a quien se encuentre contigo. Cuando entendamos el poder de la palabra, construiremos edificaciones emocionales donde existen corazones rotos, heridas maltrechas o almas en pena y, sin importar la altisonancia de la expresión, ni allí habría error, porque existen quienes te hablan de amor cuando no saben ni lo que es el perdón y ¡basta ya! de llevar odio en el corazón. Basta de vivir en el nudo de la desesperanza, de la cobardía, del orgullo, de la queja y de todo eso que tú mismo usas como mordaza y te tiende sobre granadas. Intenta ser para dejar de aparentar, ofrece una palabra de aliento y de bondad porque, ante esto, existe una sola verdad que conocemos por más que queramos ocultar.

Todos, todos, estamos rotos en cierta medida, cuarteados y bajo cierta agonía enfrascada a veces en una sonrisa, una sonrisa forzada con tintes de hipocresía y a veces tan ficticia, pero no con intención de engañar al otro, sino con el objetivo inconsciente de engañarse a sí mismo, de blofear sin sentido y de mentirnos a nosotros mismos intentando persuadir una herida que nos grita cada día y sepultamos sin medida. Por eso, ofrécele al otro lo que deseas para ti mismo y verás cómo la vida te regresa un amor, una paz y una voluntad total. Ten el poder de la palabra hoy y cada día como herramienta de vida.

**En realidad no se trata de lo roto que estés,
sino de lo que haces con ello.**

El tiempo

> Ojalá pudiéramos detener el tiempo,
> y quedarnos para siempre donde tenemos
> certeza de que el amor existe.

Nada más relativo que el tiempo, aliado, redentor natural que coloca todo en su lugar a través de los minutos o los años: amor, dolor, cura, nostalgia, personas, etc.

El tiempo es tan sabio que te golpea o te sana. Te lleva a donde tienes que ir, a donde mereces, es quien tiene siempre la última palabra en el juicio sobre tus actos, y no por ser vengativo o doloso, sino que las consecuencias radican en las mismas acciones de las personas y el tiempo, tarde o temprano, el tiempo estampa en tu rostro el resultado de tus decisiones, para bien o para mal. Es quien te muestra en su momento que algunas personas no te son realmente leales, que de eso no saben nada porque sólo son leales a la necesidad temporal de ti y, una vez que sus necesidades cambien, su lealtad también lo hará.

Procurar marcar nuestros pasos en pro de lo que amamos o deseamos de corazón está siempre en nuestras manos y nuestro alcance. Si haces algo por alguien y no por ti, sea quien sea, que convenga a intereses fuera de ti, algún día te verás en la penosa situación de percibir cierto resentimiento hacia a ti mismo/a, te reprocharás de una y mil maneras el no haber tenido el valor y el coraje de enfrentar aquello que te atemorizó tanto. No le des la espalda a lo que tu corazón te dice, vive tu *carpe diem* sin fallarle a tus propios deseos, esos que te hablan a diario y te piden estar donde añoran estar. Si existe alguien en tu vida que te ofrezca lo que nadie te había dado, que ponga ante ti hechos acompañados de palabras y no sólo promesas y discursos preparados, procura no fallarle nunca, porque el tiempo te mostrará que no se encuentra a la misma persona dos veces en la vida, ni siquiera en una misma persona.

El tiempo es cruel, pero benevolente, te pone bajo encrucijadas y avanza sin parar, pero siempre te otorga la pauta de elegir y de aclarar. Definitivamente, el tiempo siempre contesta tus preguntas tarde o temprano, o hace que en algún momento ya no te importen las respuestas. Él es al único al que no podrás engañar sin importar lo que le digas o le demuestres, porque aquello que llevamos dentro, ahí, en nuestras tantas emociones, es lo que brotará en algún momento. El tiempo te lo dirá, así como te dirá también si es demasiado tarde o aún estás a tiempo.

No permitas que el tiempo te consuma más allá de tus años, si algo consume, que sean tus éxitos y la intención de ver cumplidos tus objetivos y deseos, no tu esencia. No dejes que te arranque la vida a cambio de comodidad ni mucho menos de conformismo, si hay algo después de tu vida, qué bonito pensar en la posibilidad de comenzar de nuevo, pero, en cierta medida, es mejor pensar que no la hay y así entregar todo de ti en esta, vivirla con todo lo que puedas y tengas en tus manos para morir algún día con dignidad, sólo ten en cuenta que, antes de dejarle memorias a una lápida, tu historia no ha terminado. Así que despierta de tu letargo y deja de mentirle a tus convicciones, deja ya de tener a tu corazón sordo y mudo, deja de engañarte y de tener miedo, el fracaso sólo es fracaso cuando te das por vencido o, aún peor, cuando ni siquiera te das la oportunidad de intentarlo. No somos dueños del tiempo pero sí de lo que ocurre a través de él, de las decisiones que tomamos y la manera en que las confrontamos. Haz que valga la pena tu tiempo, que valga cada suspiro y, sin importar lo rápido o lento que vaya, que puedas mirarle al final y decirle que hiciste todo lo que pudiste, que nada ni nadie te arrancará el gusto de haberle sido leal a tu corazón y que de tus días hiciste lo que te hizo vibrar con quien tocó la profundidad de tu ser y encendió tu alma como nadie en la vida.

La vida no te espera, el tiempo no se detiene para ver cuándo te decides. Ni el tiempo ni la naturaleza funcionan bajo las normas humanas, simplemente *son* y siguen su curso, entonces, si realmente quieres algo, toma la decisión y haz que suceda porque la vida es un suspiro, y dejar ir algo o alguien que amas es de las cosas más tristes que podrá llevar tu consciencia, tu memoria y tu corazón.

El tiempo es noble al contar las horas para llevarse tus dolores, eterno acompañante que recoge los escombros de susurros de agonía por batallas del pasado, infiernos del presente e incertidumbres angustiantes de un futuro inexistente. Su capacidad de atravesar el todo por el nada, intercambiar los más recónditos misterios que ahondan en tu humanidad por destellantes luces de colores provenientes de sombras perturbadoras y maltrechas heridas inquietantes. Allí nacen los seres de amor, los que sufrieron ya bastante, cansados de doblegarse ante la nube que tanto los persigue en sus probables delirios de persecución, cayendo algunos en el autosabotaje y, cuando pasan los días, los meses o los años, descubren un mundo lleno de posibilidades, de respuestas armoniosas a sus preguntas rabiosas que cegaron en su momento las brechas existentes y enteras soluciones.

Pacta una tregua con el tiempo, que te susurre al oído cuál es el momento oportuno para tomar la decisión que definirá tu camino y que sea paciente con tus titubeos deslizantes de intriga. Pídele que sea amable con tus acciones y que no sea tan duro cuando te equivoques. Pídele al tiempo que sea compasivo con quien te haya tratado mal, con quien haya actuado con maldad y deséale a aquellos mucha suerte porque, créeme que, tarde o temprano la van a necesitar.

Sin importar el tiempo, nunca te arrepientas de haber dado todo por alguien, porque aunque no lo valoren, el día de mañana tú volverás a darlo todo, en cambio, esa persona te recordará cada vez que alguien le falle.

Me parece tan triste y lamentable que, después de un tiempo, aquellos que hicieron daño pronuncien su regreso: que al fin pudieron ver la valía que tenía esa persona que dio todo por hacerle feliz. Ese viajero quizás regresa por amor, quizás por entendimiento, posiblemente porque no pudo desconectar los recuerdos o quizás porque no encontró a alguien mejor. Es probable que alguien le haya fallado y eso lo convierte todo en una nada. Asegúrate si estuvo con alguien, porque si tuvo que irse para intentarlo con otra persona, ¿a qué viene ahora a buscar algo de honra? Tú no necesitabas experimentar nada para saber que le amabas, probablemente se cansó de estar haciendo lo que estaba haciendo con quien lo estaba haciendo y ahora viene a ti para intentarlo nuevamente, con la miseria en su persona ya manchada por la deshonra.

Sucede algo aquí, cuando una persona logra aliviar sus heridas y el tiempo logra apagar su dolor y aquel sufrimiento vivido, indudablemente no vuelve a ser el mismo, al menos no donde fue herido. Las personas que entregaron su alma y su entero amor, después de mucho tiempo de sanación, en algunos casos aceptan el regreso a la pasada relación, pero realmente no vuelven nunca. Es cuestión de tiempo darse cuenta a detalle de que los papeles cambian porque el que era entregado, amoroso y pasional, se vuelve frío, calculador y más racional, mientras que el que era distanciado, indiferente y hostil, se vuelve entregado, detallista y servil. La nueva postura no se trata de venganza, sólo se trata de sabiduría a través de dolor curado, se trata de haber aprendido a dirigir el amor bajo cierta consciencia, se trata de una persona que perdió la pasión por alguien que le hizo derramar hasta la última lágrima ahí donde murió lentamente aquel inmenso amor, un desamor del que no tuvo control ni opción más que asesinarlo desde sus recuerdos por auto salvación.

Hay gente que todavía no entiende que las personas, después de tanto lastimarlas, se van para nunca volver, y créeme lo diferentes que se ven las personas cuando ya no duelen, cuando ya no lastiman. Todo se vuelve una rara sensación porque, aunque esa persona que tanto amabas regresa a ti, regresa tan tarde que ya no te hace feliz. Te das cuenta que, después de haber lidiado para obtener las respuestas que buscabas y tanto te aquejaban, el único que te dio la cara y te respondió con valor y bastante precisión fue el tiempo.

Si dejas pasar un largo tiempo no podrás pedirle que sea la misma persona que era: ¿cómo va a ser la misma persona, si, con tus palabras y tus acciones, le exigiste que se fuera?, ¿cómo va a ser el mismo si te alejaste sin importar lo que sufriera? Pregúntate a ti mismo/a: ¿cómo va a ser el mismo, si elegiste el tiempo u otra persona y le dejaste solo/a?

¿Cuál es el objetivo de su regreso, entonces? No... no será la misma persona.

Ama de tal manera que, cuando hablen de entrega, fidelidad, lealtad, pasión, honorabilidad y amor real, te tengan en su pensamiento.

Doblarse pero no quebrarse

Y se volvió loca porque eligió quererse por encima de todo, porque aprendió a ver a las personas como realmente eran y sentir su vibración, porque prefirió pisar la tierra con los pies descalzos, porque empezó a oír voces que la iban guiando, porque veía destellos brillantes de colores, porque decidió ser feliz ya que se dio cuenta que a eso vino al mundo, porque vomitaba para desahogar el mal trago emocional, porque cuando estaba con alguna persona negativa le dolía el pecho y sentía mareos, porque cambió las fiestas ruidosas por apacibles noches de platica interesante, porque recordó sus inicios y de dónde venía, porque decidió alejarse de lo que le insultaba el alma, porque se atrevió a luchar por lo que tanto deseaba, porque se alejó de todo lo que le hacia un mal. Algunos lo llamaron egoísmo, otros lo llamaron locura, ella lo llamó libertad, y, mientras más "loca" e "inadaptada", mucho más feliz se encontraba.

Todos estamos expuestos a ser abatidos por más que entreguemos lo mejor de nosotros, así mostremos nuestra mejor versión, no seremos suficiente para la persona equivocada y, si aún somos una versión a medias de nosotros, seremos perfectos/as para la/el indicada/o.

Sin importar las posibles consecuencias, mantente firme a tus intenciones, que te importe el "qué diré", no el "qué dirán", porque, sea como sea, vivirás tranquila/o por haber sido tú sin importar tus defectos mientras estés dando lo mejor de ti.

Eso de que "a la mujer ni todo el amor, ni todo el dinero" es de las cosas más absurdas que he escuchado, porque en el amor no hay limitantes, no existe un instrumento de medición emocional en el que colocamos la balanza de cuánto amor debemos de dar.

¿Cómo detenerse a pensar: "hoy no te daré tanto porque me someto, y al día siguiente sí te doy mucho para tenerte contento"? El amor, cuando se siente, sólo se da, así sin más ni menos, no se limita ni para uno mismo ni para el otro. Este sale a raudales y, cuando es recíproco, este se alimenta, se fermenta y crece sin límite. Sólo siendo libre y equitativo, el amor permanece para siempre y ahí es donde viven las parejas eternas que sólo se ocupan de lidiar con ciertas diferencias, pero siempre están entregados el uno al otro.

Si alguien llegó a quebrarte, te prometo que estarás bien y todo tu dolor habrá cesado cuando menos lo esperes, porque cuando menos lo pensamos nos olvidamos de quién nos hizo tanto daño como mecanismo de defensa, en cambio, difícil le será olvidar a quien le dieron todo el amor, aquel que probablemente nunca le dieron y nunca le podrán dar. Es de las cosas más tristes que he visto.

Cuando alguien logra doblarte sólo te quedan tres opciones para no permitirle quebrarte:

No dejar que te marque.- porque será inevitable sentir un daño interno, pero depende de ti el tamaño de la cicatriz.

No dejar que te destruya.- porque probablemente sentirás tanto dolor que decidirás tirarte al piso, poniendo en riesgo tu todo, hasta tu misma vida.

Dejar que te fortalezca.- porque de ti y sólo de ti depende poder mantenerte de pie y poner toda tu alma para seguir adelante, absorber lo aprendido y permitirle formar parte de tu nueva armadura.

Podrán doblarte, pero no quebrarte.

Voy a decirte algo de la forma más sincera posible. Todo va a estar bien y te lo digo de corazón, porque sé exactamente cómo te sientes y por lo que estás pasando, sé que te repondrás y, aunque a éstas alturas seguro piensas que las decepciones ya son muchas y sin duda crees que ya no aguantas otra, créeme, puedes con eso y más, porque, aunque no te conozca, creo en ti, la vida no está siendo injusta contigo, la vida te está preparando para que puedas con las cosas que vengan, a su tiempo. La vida te está enseñando a crecer y a conocer el amor más importante de tu vida, que eres tú mismo/a, para que no exista absolutamente nada que te pueda derrotar, para que no exista adversidad que te pueda vencer. Justo de eso se trata la vida, de superar los problemas y no de ponerlos sólo a un lado y dejarlos sin resolver, la vida se trata de salir adelante por tus propios medios, además, de vez en cuando es bueno para no perder el suelo y recordar de dónde venimos.

El problema es que nos acostumbramos a reprimir nuestros sentimientos en una burbuja hasta que explotamos y, ¿por qué los guardamos? Porque tenemos miedo a que nos juzguen los demás, esos que no se atreven a intentar lo que nosotros hacemos, por eso eres fuerte, porque eres tú y tú tienes el control, porque te vas a levantar y vas a seguir siendo fuerte, porque, además de lo que los demás piensen: ¡vas a seguir adelante! Créeme, todo va a estar bien y te lo digo yo, que en mi vida he caído mil veces y las mil veces me he levantado, te lo digo yo, que me partí la boca contra el piso y logré salir de aquel mundo oscuro, de ese laberinto al que le encontré una salida y hoy estoy aquí de pie, asegurándote que también tú lograrás ponerte de pie sin importar el daño que alguien te haya hecho.

Si te han quebrado y aún tienes el coraje de ser amable con los demás, en serio que te mereces un amor tan profundo como el océano. Todo el amor que das siempre regresa a ti y no me refiero a la persona, me refiero a la energía que irradiaste y mantienes en alza de quienes te rodean. Todas las personas perciben tu bondad y tu energía, así que procura siempre sonreír aunque te estés rompiendo, aunque los recuerdos te asechen, sonríe aunque el invierno te congele y la primavera se aleje, porque nunca sabrás quién puede enamorarse de tu sonrisa.

En esta nueva aventura de tu vida, donde comienza tu reivindicación personal, quiero que tengas algo presente: no eres cómo te ves, eres la música que escuchas, las series que te gustan, el arte que creas, tu frase favorita; no eres el grano en tu nariz ni la llantita en tu estómago; no eres ese complejo que llevas en ti desde hace tanto tiempo y te llena de inseguridades irracionales, eres lo que lees, eres tu propia filosofía, tu banda favorita, eres lo que haces por los demás, eres todo aquello que te hace vibrar y enciende tu alma.

Créeme, eres lo que amas y en ello caminarás sobre nubes alistándote siempre hacia el vuelo, donde exista rumbo fijo conectado tu corazón al de alguien que te dé exactamente lo mismo que tú ofreces y no vuelvan a doblarte, ni mucho menos vuelvan a quebrarte.

La peor batalla de desolación está en tu propia mente, allí donde se genera una emoción, un sentimiento, y éste viaja a través de un hábito que alberga en una consecuencia o mil fatalidades que inevitablemente desembocarán en ti como una cascada tempestuosa si no logras maniobrar tu propio templo. No está en los actos de alguien más, está en tu expectativa y lo que generas tú mismo. Sumérgete en la profundidad de ti mismo, encamínate en una aventura personal sin importar que existan tormentas porque aprenderás a postergar la calma. La semilla de un pensamiento puede quebrar o salvar tu alma, tu equilibrio y hasta tu propia vida. Escala hasta la cúspide de aquello que te atemoriza y procúrate diligentemente, porque sólo así encontrarás el camino hacia el renacer, hacia tu luz y a tu nuevo amanecer.

Seamos honestos, si no te llama, es porque no quiere llamarte; si no te invita a salir, es porque no quiere verte; si te trata mal, es porque no le importas; si te traiciona, es porque no le gustas lo suficiente; si te deja ir, es porque no quiere estar contigo.

"Es que no estoy listo/a", "es que tú eres mi vida, pero...", "es que ahora no es el momento", "es que no sé", "es que tengo que organizar mi vida", "es que sí, pero no", es que, es que, es que... es que ¿qué?, ¡es que no quiere! Vivimos siguiéndoles su jueguito de confusión y victimización porque "pobrecito/a, me ama, pero yo le entiendo". Dejemos una cosa clara: cuando una persona quiere estar con uno, ¡ESTÁ!, Así de fácil, sin tantos enredos, sin tantas mentiras, sin tantas excusas.

Cuando alguien se derrite por ti puede que le de miedo, claro, pero lo enfrenta todo porque no va a arriesgarse a perderte. Deja de justificarle cada rechazo, cada desplante y cada pretexto tonto, ponte tú en primer lugar.

No necesitas a alguien que no sabe lo que quiere, que no ve lo mucho que vales, que no ve todo lo que puedes aportar a su vida. Por favor, no quieras intranquilidad, dudas y desprecio envuelto en explicaciones sin sentido porque, si ya luchaste con todo lo que tenías, te ovaciono de pie, pero, si no hubo respuesta, es momento de dejarle ir y tú con la frente en alto por haber hecho las cosas bien y lo mejor que pudiste.

Ahora, entiende que tú mereces a una persona que sepa lo que tiene en frente, que te valore y se esfuerce cada día por ti. Deja ya de romperte las uñas por algo que probablemente no va a ser tan bueno como tú piensas y date la oportunidad de recibir todo lo que mereces con alguien que si te quiera.

RECUERDA: no existe persona asustada o confundida, tampoco existe alguien trágicamente afectado por el pasado ni tampoco necesitado de ayuda. Las personas se dividen solamente en dos categorías: los que te quieren y los que no. El resto es sólo una excusa.

Suelta

«Quizás lo que temes no es empezar con lo nuevo, sino poner punto final a lo de siempre.»
Frase atribuida a Rafael Vídac

Si aprendiéramos a mantener en vez de a soltar, el mundo estaría bajo otro clima afectivo y cierta consciencia espiritual. Claramente hay quienes hacen las cosas bien y merecen hacerlo todo por proponer para mantener, pero cuando hay quienes hacen las cosas mal, nosotros debemos mostrarles en qué están mal para mejorarlos por el bien de los dos. Sin embargo, si persiste sin importarle las posibles consecuencias, esa persona merece que hagas todo por soltar. Cuando es lesivo y dañino en vez de armonioso y amoroso, cuando es indiferente y poco afectivo, cuando te hace sentir solo/a estando en su compañía, será momento de soltar y seguir con tu vida.

La mayoría de las personas nos llegamos a negar que todo ha terminado y esto se debe al apego y la codependencia afectiva que hemos desarrollado, al haberse acostumbrado a contarle todo a esa persona, desde una graciosa imagen que viste hasta el proyecto más importante de tu vida. Te acostumbraste a escuchar su voz, a recibir un mensaje por las mañanas y otro antes de irte a dormir, te adaptaste a un estilo de vida donde compartirlo casi todo con él/ella era primordial y natural.

El tiempo te hará sentir un cierto vacío, porque nadie puede sentirse feliz con una persona si no logra encajar los tres canales de vinculación amorosa. Aun así, llegará el momento en que no te sentirás complacido y terminarás por dejar las cosas y buscar tu felicidad con alguien que sí te ofrezca los tres canales de amor. Podrás engañar a tu cuerpo con otra piel, pero jamás podrás engañar a tu corazón con otra alma.

Suéltale porque es mejor un dolor fuerte a una pasión débil que seque y marchite tus raíces intentando llegar a tus frutos. Suelta de raíz porque, aunque a veces las zonas de confort son atractivas, te darás cuenta, algún día, que nada crece allí. Suelta sin anestesia porque las anestesias que elegimos usar sólo encapsulan temporalmente el dolor, en cambio, si eliges dejar ir con absoluta decisión, dolerá más pero será mucho más rápido sanar. Suelta a quien te trata como plato de segunda mesa mientras que tú le tratas como banquete.

Existen pasados que regresan pero realmente no tienen nada nuevo que decirte, son exactamente lo mismo, o peor. Será ahora su turno de entender la indiferencia que con tanto esfuerzo se ganaron. Habrá cero excusas para quien tuvo mil oportunidades de hacer las cosas bien y decidió seguir haciéndolas mal. Recuerda que, quien siembra mentira, cosecha desconfianza.

¿Sabes soltar a una persona cuando ya no es sano continuar? Te diré lo que necesitas para lograrlo sin dañar a nadie.

Cuando ya diste todo de ti para rescatar la relación, cuando cediste y propusiste, cuando buscaste y lo hablaste de una y mil maneras pero nada funcionó, será doloroso y una pena que las cosas tengan que terminar. Sin embargo, tendrás que vivirlo y afrontarlo de una u otra forma.

Piensa una cosa y trata de entenderla, porque sólo cuando logres entenderlo podrás soltar sin titubeos y con tranquilidad. Esa persona que se fue lo hizo por decisión propia, no porque alguien le obligó a hacerlo. Si te dice que no lo hace por decisión propia y que hay algo detrás de todo eso que le hace actuar así, te diré algo: nadie le pone una pistola en la cabeza a nadie para alejarse de quien supuestamente "ama" y con quien supuestamente "quiere estar".

Finalmente, ¿por qué debes sentir nostalgia por alguien que eligió irse por su propia mano? Cada quien está donde quiere estar y pierde lo que quiere perder. Quien quiere, hace todo por permanecer, simplemente se queda y hace todo por mantenerse ahí, a tu lado, sin excusas tontas que ni esa misma persona se creé. Si alguien te pide tiempo porque dice estar "confundido/a" y necesita aclarar su mente, dile que por supuesto, que tiene toda la vida para aclararse todo lo que quiera, porque, cuando se quiere, no se duda. Muéstrale donde está la puerta y que regrese cuando quiera, si aún estás ahí, pues a un acuerdo llegarán, pero, si ya no te encuentra, que no se atreva a reprochar. Te hará creer que sufre a diario, que le duele mucho irse y que es imposible quedarse, se victimizará para tenerte bajo el yugo de su propia cobardía y para que así te quedes ahí esperando lo necesario.

¿Imposible quedarse? Cuando se quiere, se puede, cuando se quiere no existe imposible y lo que menos hay es negación de permanecer. Esa persona buscó excusas para irse por propia voluntad o al menos no buscó soluciones para quedarse, entonces entenderás que ninguna persona que se va por su propia decisión en verdad vale la pena para tu vida. Lo valdrá para su vida, claro, pero para la tuya no, porque tú mereces a alguien que te ame tanto como para lidiar con todo para quedarse a tu lado, alguien que no se vaya cuando las cosas se pongan algo difíciles.

Pregúntale si te ama y, si notas una mínima duda en su respuesta, entonces es claro que no te ama, porque cuando se ama de verdad las dudas no existen, los miedos se apagan y las batallas se luchan. Así que levántate, sacúdete, limpia esas lágrimas, enfoca esta idea y sigue caminando.

"Contacto cero" es la clave para los valientes que han decidido soltar, requiere de decisión y de estar dispuesto a atravesar un dolor fuerte, una sacudida que te permitirá dejar el sufrimiento que te atormenta día a día. Deja de mandarle mensajes a quien no los responde, si te ignora, pues que sea eso lo que te recuerde que mereces algo mejor. Deja de expresarle palabras a quien decide no escucharlas ni prestarte atención siquiera, deja de una vez por todas de gastar tu vida en quien no hace por merecerla. Suelta a quien eligió soltarte a ti primero, a quien se fue y decidió sacarte de su vida dejando la tuya a la deriva. Soltarle será muy difícil, lo sé, pero ahora se tratará de organizar prioridades e invertir posiciones.

El "contacto cero" es eliminar a esa persona de tus redes sociales, probablemente pueda sonar inmaduro y una medida de ardor, pero en realidad es una medida de amor, amor propio y el único camino de sanación por evitación. Evita lastimarte más al ver su última conexión o si se puso en línea y darte cuenta que mágicamente ya tiene aquel tiempo que decía no tener, pero su prioridad en realidad no eres tú. Evita ver sus publicaciones que sólo interpretarás y te perturbarán mientras juegas con tu propia mente, alterando todos tus sentidos y acabándote poco a poco. Elimina todas las fotos que tengas de esa persona y deja de lastimarte viéndole mientras los recuerdos te atormentan. Tira a la basura cada detalle que haya venido de él/ella y que te haga extrañarle. Evita verle y cruzar mirada o palabra, al menos hasta haberle superado. Desvincúlate de raíz y verás cómo la paz y tranquilidad comenzará a cobijarte.

Cuando menos lo pienses y hayas logrado drenar aquel gran amor, podrás volver a mirarle de frente y, con toda cortesía y educación, saludarle. Confía, el "contacto cero" es la salvación de las profundas tristezas.

No te malgastes persiguiendo a nadie, si ya luchaste y diste lo mejor de ti, entonces deja ya de tirar tu vida y tu valioso tiempo por alguien que no lo valoró. Haz lo tuyo, sé tú mismo siempre, enfócate en tu nuevo rumbo y fluye con el tiempo porque la persona correcta, la que realmente pertenece a tu vida, llegará a ti cuando menos te lo esperes y sin necesidad de buscarle se quedará para siempre, sin "peros" ni condiciones.

Mantente ocupado porque una mente ocupada no extraña a nadie, concéntrate en ti y en tus prioridades, es momento de enfocarte en ti, en retomar planes o esbozar nuevos proyectos. Evita la música melancólica y sumérgete en melodías irradiantes de alegría, prohíbete las películas de romance que sólo te harán sentir más triste y te harán extrañarle sin sentido alguno. Deja de beber alcohol porque éste resulta ser un depresivo natural y, si piensas que eso te hará olvidar, déjame decirte que eso te hará recordar aún más. Ejercitarse es una excelente opción para desintoxicar malestares emocionales y distraer tus tantos pesares, el ejercicio te mantendrá vitalizado y ayudará a la construcción de tu propia autoestima. Los gimnasios suelen estar llenos de corazones rotos porque a veces no sólo se trata de construir músculo o perder grasa, a veces es terapia: tomar un respiro y llenar el alma de vitalidad.

Deja de atormentarte con aquello que pudiste hacer y no tuviste margen para hacerlo, no fue culpa tuya, lo que fue, en su momento, fue perfecto. Tampoco te disculpes jamás por sentir tanto amor, por tener tanta alma y por ser demasiado emocional al momento de expresarlo. Si hubo alguien que no fue capaz de manejar ese nivel de amor tan tuyo, entonces no es tu problema, es problema suyo. Por favor, nunca encojas tu corazón para hacerlo caber en otro, porque lamentablemente hay personas que nunca merecieron el lugar que les diste, les quedó grande o les quedaste grande.

Algunas veces es imposible hacerle entender a alguien que merece más de lo poco que supieron darle y si tiende a elegir el patrón de los patanes o gente lesiva, será asunto de ellos, tú continúa con tu vida.

Conoce lugares y que tu acompañante principal seas tú mismo. Rodéate de personas que aprecian tu presencia y supérate en todos los sentidos por ti y para ti. Si en tu cabeza merodea la venganza, que tu venganza sea la nobleza, la humildad, la bondad, el desearle éxito y amor, el orar por su bien y protección.

Sin duda es imposible soltar así nada más a alguien que amas con toda tu alma y extrañas cada día de tu existencia, pero de extrañar no se vive y esa persona ya sabe que existes, sabe dónde estás o dónde encontrarte, sabe lo que piensas e incluso sabe lo que sientes, pero a veces esperar, después de un tiempo no es una opción y, en realidad, en el después ya no hay después.

Hay que asimilar abiertamente que a nadie se le obliga a quedarse y que si tenemos que pedírselo sencillamente pierde su encanto, porque a nadie se le puede pedir lo que no tiene o lo que no quiere. Hay que comprender que cada quien tiene la libertad de tomar las decisiones que quiera y que en ello radica el amor que sientes por esa persona. Por más que nuestro deseo sea el permanecer, si elige irse, pues que se vaya, porque a nadie se le obliga a hacer algo en contra de su voluntad y, cuando alguien hace o dice algo por voluntad, es allí donde se pertenece, donde se vive en amor y tranquilidad.

Creo que nadie merece estar rogando por atención y cariño, nadie merece que lo quieran a medias, que lo hagan sentir importante sólo algunas veces y que en otras ni exista. Nadie merece ser tratado sin valía, nadie merece eso. Todos deberíamos de tener un amor de verdad, sincero y completo, así como el que sabemos dar.

Existe la delgada línea entre luchar por alguien y rogar. Lucha siempre por quien amas, hazlo con todo lo que tengas y si en esa batalla y sacrificio de tu amor por alguien esa persona no lucha por ti y te muestra una clara negativa a continuar, entonces será momento de soltar, será momento de no buscarle más, porque no vale la pena insistirle a alguien que no quiere quedarse en tu vida, alguien a quien, aunque quisiste darle todo, no supo qué hacer con tanto. Así que suelta ese dolor y transfórmalo en amor, esa es una de las lecciones más grandes que tendrás en tu vida, es el pase directo a tu propio paraíso porque, a partir de eso, conducirás tu vida con honor, con seguridad y siempre con un amor propio que, por ende, ofrecerás a los demás.

Suéltale cuando te sientas listo/a, pero procura no tardar mucho, pues no mereces conservar tu dolor en formol ni llevar una pena en tu corazón por alguien que al final no se quedó.

Soltar es irte en paz, continuar construyendo tu propio camino, soltar a veces es la única opción que nos queda cuando tu lucha fue incesante y ante los ojos del mismo destino o la llamada causalidad, entregaste tu todo, tu mente, tu cuerpo y tu alma. No habrás dejado guarida que atormente tu calma, lo habrás hecho todo ya para soltar y sanar tu alma.

Por eso, aprende a distinguir a quien valga la pena tu olvido para darle otra oportunidad, y a quién merece sólo tu perdón para poder soltar.

Tal vez no fue su momento, tal vez vuelvan a cruzar sus caminos cuando hayan crecido emocionalmente y sean más maduros para saber afrontar el todo. Dicen que, cuando conoces a la persona correcta en el momento equivocado, la vida volverá a juntarlos. Tal vez hasta entonces sean los indicados para estar juntos... tal vez.

Ciclos

> No te preocupes por los que se fueron,
> ocúpate de los que se quedaron.

Podemos pasarnos la vida existiendo sin estar viviendo realmente. Vivimos en etapas y estructuras estandarizadas, dependientes de un cúmulo de experiencias o nuevos aprendizajes.

La edad es sólo un número, las vivencias y tu experiencia son la esencia misma del aprendizaje, allí radica tu capacidad real de manejar situaciones de dolor, de confrontar adversidades y corroer sentimientos lesivos y flageladores. No digas que estamos en la edad en la que las relaciones sentimentales ya no duran, porque cuando queremos, deseamos o amamos, duran una y mil vidas. Todo se trata de la madurez que se ejercer con entrega en nuestros actos, o quizá tan sólo se trata de cuánto en verdad te importa.

Alteramos nuestra condición emocional en función de los actos de los demás, nos preocupamos de más cuando se trata de otra persona, perturbamos nuestra paz a cambio de la tranquilidad del otro y amenazamos con agonía nuestro amor propio por hacer perdurar el del otro. Solemos ver más por aquellos que necesitan ser salvados porque nuestro sentido humano nos exige hacerlo. Nos satisface poder ayudar a otro y a veces nos enganchamos a ello sin medir consecuencias, no notamos cambios en nosotros pero sí notamos los cambios de los otros. Juzgamos sin antes empatizar y tratar de ver lo que tiene arrastrando aquel que viene con su carga en la espalda.

En tu camino tienes que tener en cuenta que te enfrentarás a dos tipos de vida, la que te inventan y la que te reinventas. Aquella que los demás, ya sean tus vecinos, tus compañeros de escuela, tus amigos y tus compañeros de trabajo, te arman: una o varias historias de las que a veces ni tú estás enterado y que, cuando te enteras de alguna de esas historias sobre ti. Te quedan dos opciones: ofenderte e indignarte, o reírte y ser indiferente.

Es una desgracia que existan filas más largas para aquellos que critican y mienten, más largas que las filas para los que ayudan y sirven. Rodéate y vincúlate de quien te aporte, de quienes te enseñen o que puedan aprender algo de ti, porque, aunque parezca mentira, tu calidad de vida mejora drásticamente cuando te rodeas de personas amorosas, buenas, inteligentes, positivas, humildes de corazón y amables de convicción, personas transparentes con caras que no fingen y bocas que no mienten, de mentes pensantes y de almas nobles.

Triste es ver que existan personas que van por ahí destruyendo a otros sólo porque a ellos los lastimaron, en lugar de haberse sanado y continuar amando. Aléjate de quien agite tu puente, atentando con hacerte caer. Ignora aquellas palabras de desaliento y que intentan decirte de mil maneras que eres torpe o que no eres bueno en algo, porque, quien suelta eso de su boca, habla de lo que siente, y eso no te pertenece a ti si no a él.

Los ciclos en nuestra vida también tienen que ver con nuestro momento de acompañamiento, quiere decir que todos, en algún punto de nuestro camino, nos encontraremos solos, a veces acompañados y a veces con una pareja estable. Estar solo está bien, no significa que no vales la pena, no tiene nada que ver con algo malo en ti. Estar en soledad es tu oportunidad de trabajar en ti, de enfocarte en tus metas, ese es el momento en que puedes concentrarte en tus proyectos, siendo la mejor de todas las versiones de ti mismo, y complementar tus deseos con las acciones para potencializar tus dones y talentos para desarrollar tus habilidades y conocimientos, para crecer y forjar tu propia armadura y que, por lo tanto, te conviertas en aquello que alguien aprecie y valore en ti, sin olvidar que seas tú tu propio orgullo.

Reinventar tu vida está en tus manos. Cuando exista algo que te inquiete o te disguste tanto como para quitarte la tranquilidad, tienes siempre las opciones sobre la mesa para tomar la que más te convenga y cambiar el rumbo de lo que no te está gustando de tu única oportunidad de existir. Sólo procura no dañar a nadie. Sea lo que sea, si es algo que no te dañará a ti o a otra persona, todo es válido.

Los ciclos son etapas inminentes y desprendernos de estas requiere de fuerza, valor y voluntad. Nos adentramos en ellos conforme avanza nuestra vida, en aquella infancia de la cual aprendimos, el momento de comenzar nuestra vida académica y hacer muchos amigos, el inicio del sentimiento natural hacia otra persona, el dolor tempestuoso y los deseos salientes y monitoreados desde la matriz de nuestro corazón, el aquí y el ahora en los que te encuentras hoy y el rumbo que tomarás el día de mañana, todo está basado en ciclos que tú mismo creas, a veces directamente y otras indirectamente, pero la elección de cómo navegar a través de ellos está en ti, sólo en ti. Los cambios son para los valientes, esos que apuestan todo por crearse un ciclo renovado que les llene de felicidad y paz, mientras que los cobardes prefieren quedarse donde están aunque estén rotos, aunque se sientan incompletos e infelices.

No dejes que vengan a venderte falsas ideas de lo que es ser un triunfador, porque tu valor no está en llenarte de títulos ni está en la ropa cara que compras, tampoco está en las materialidades de las que te haces, tu valor está en lo que eres capaz de hacer con lo que sabes, está en saber esparcir los dones y virtudes que se te han otorgado y en hacer lo posible por hacer sentir bien a alguien más, sin importar quién sea: justo ahí está tu valor.

Intenta dejar obras de arte en la vida de quienes lleguen a la tuya y no garabatos, porque, si pudiéramos echar un vistazo al corazón de los otros y entender sus desafíos diarios, estoy seguro que nos trataríamos con más amabilidad, gentileza, tolerancia y prudencia.

El ciclo que necesitas cerrar es el del dolor y el apego, aquel que envenena tu alma y no te permite ser tú. La persona que sabe vivir consigo misma y para los demás es aquella que aprendió lo suficiente del dolor y sufrió ya bastante, aquella que dijo "¡basta!, soy dueño de mi vida y elijo tomar el control de ella".

Aprende a vivir en tu propia compañía, disfruta de tu todo y ármate de nuevo, recupera las piezas que entregaste cuando intentaste construir a otro y tomate un tiempo para observar el caos. Deja de vivir en una rebeldía sin propósito y comienza a planificar tu propia travesía. Es normal que, siendo humanos, tengamos miedo, pero no te mantengas asustado, la discapacidad emocional se contrarresta con capacidad espiritual. Que no te gane el temor a la soledad ni te equivoques con "el amor de Tarzán", esperando tomar una liana para poder soltar. Regálate el obsequio de comenzar de cero, de reinventarte de nuevo, de reconstruirte por completo, entrégale tu todo a quien deje de darte mitades y por favor evita profundizar con quien te engañe, que la vida se va en un instante.

Quédate

> No me cabe duda de que todavía existen mujeres y hombres que harán un loable esfuerzo por verte sonreír, que apoyarán siempre, y ante todo, tus sueños y tus metas; te pronunciarán palabras de amor y te escribirán dulces mensajes de texto; te disfrutarán donde sea y alrededor de quien sea, no sólo en la cama. Te preguntarán si ya comiste y te alimentarán por igual la mente y el cuerpo.

Todavía existen mujeres y hombres que te amarán de formas que aún no conoces y lo harán porque eres la persona que eres y no por cómo te ves. Esa clase de mujer y hombre aún existe y el amor que te tendrán será tan grande que el inmenso mar sentirá celos de ustedes.

Mientras tanto, quédate contigo mismo/a, camina sólo/a antes de volver a volar con alguien, encuéntrate a ti mismo/a antes de pensar en encontrar a alguien, purifica tu sistema del dolor que alguien más puso en ti, porque, si te precipitas, lo único que encontrarás será confusión y dolor. Llena tu alma de amor propio y tu mente de sabiduría para poder ofrecerle la mejor versión de ti a quien llegue a tu vida y desee quedarse ahí donde otros eligieron irse y no vieron algo tan importante, y aunque siempre supiste que algún día se iría, quisiste hacer lo que nadie había hecho: creer en él/ella.

Quédate con tu propia compañía, aprende a valorarte y amarte, no permitas que la soledad te haga elegir los brazos equivocados porque este es el error al que comúnmente recurren los desdichados. Abraza lo que viene de ti, que tus emociones te pertenezcan y que no dependan de los demás, eso sólo las haría de ellos y no tuyas. No le des más el poder a otros de alterar tu universo si es para mal, elige correctamente quien merece entrar para hacer el bien de él, para complementarlo, no para completarlo porque tú ya estas completo/a, siempre lo has estado.

Erradica las voces lesivas que le hablan a tu calma y que atentan contra sus ideales llenos de esperanza, erradica aquella frase que ha dañado el camino de millones: "es demasiado bueno para ser cierto", porque, si llegó, es porque te lo mereces. Vívelo y disfrútalo tanto como si fueras a perderlo hoy, como si no tuviera mañana y así lo aprecies con toda tu alma.

Quédate quieto/a y aprende a bailar bajo la tormenta que tanto te atemorizó y por favor deja de aceptar turistas emocionales, que sólo vienen a ganar seguridad para después irse como si nada y como si nunca dejándote a ti en la penumbra. Esas personas sólo llegaron a tu vida para enseñarte a no ser como ellas. Tu valor va más allá de querer hacerles lo mismo a otros, como si se tratase de una especie de venganza. Nadie merece algo así, ni siquiera quien te dañó tanto, mejor bendícele y que siga caminando. No seas lo que te hicieron, eres mejor que eso.

Quédate con alguien a quien le guste trabajar y en él/ella exista una mentalidad de progreso, no de estancamiento ni mucho menos retroceso, porque impulsará tus objetivos hasta verlos realizados; quédate con alguien que guste de cuidar lo que come y ejercite su cuerpo, porque te ayudará a cuidar del tuyo para verte sano y feliz con tu templo, además de que te preparará platillos deliciosos y también podrán quemar las calorías detrás de la puerta de la recamara. Quédate con quien seque tus lágrimas cuando estas derramen sin importar el motivo. Con quien ahuyente tus miedos al sentir tu propio escalofrío, quédate con quien esté dispuesto a sostener tu mano y provocarte suspiros, con quien se enamore hasta de tu lado más oscuro, porque justo será la luz que alumbre tus pasos. Quédate con quien tenga la convicción contundente de amarte sin titubeos, porque quien tuvo la oportunidad de formar parte de tu vida, decidió ser sólo un recuerdo.

Refúgiate entre los tintes de una persona que se enamore de ti, pero no como esos amores pasajeros que pierden su encanto cuando conocen tu lado feo, porque todos lo tenemos y pocos se quedan a aceptarlo. Esos no son amores reales, yo hablo de una persona que de verdad se enamore de tu todo, de aquel que te siga amando después de conocer el mal carácter que a veces te sale, del mal genio que tienes escondido, que se enamore por supuesto de tu lado pervertido, que se enamore de tu lado sarcástico y tu raras manías, que se enamore de cada lisura de tus más bajos instintos, quédate con quien se enamore de ese lado tuyo que casi nadie conoce, que te mire igual de hermosa al despertar y piense que no existe nada más bonito en el mundo que tú. Allí donde siempre te elija a ti antes que cualquier otra cosa y antes que a nadie. Que te muestre la atención y la paciencia de conocerte por completo y sepa con certeza hasta cómo te gusta el café o el clima o tu música favorita y cada mínimo detalle mientras lo disfruta porque viene de ti.

Quédate, mujer, con quien esté dispuesto a ofrecerte un amor inimaginable, donde lejos de promesas te de acciones, allí donde todos los días encuentres un par de brazos abiertos esperando con ansias tenerte entre ellos, donde no tengas que pedirle besos ni lindas palabras, porque él lo hará por gusto y el mismo amor que tú le provocas. Con aquel que desea que en sus amaneceres despiertes a su lado, así como amaneces en sus pensamientos a diario.

Quédate con quien haga brillar tus noches además de tus días, que las mismas estrellas sientan celos de tu bella sonrisa. Que mires al firmamento del universo contemplando tu vida, entonando suspiros tan etéreos como la brisa. Quédate con el hombre que seduzca tu inteligencia y le provoque orgasmos a tu imaginación antes que a tus zonas erógenas. Vive feliz con aquel que te haga sentir la mujer más hermosa del mundo, la única en toda su existencia, que te presuma con orgullo como la musa y el arte más perfecto de su vida. Con aquel que te llene de paz, de confianza y una feroz seguridad que ni el mismo demonio pueda asechar.

Valora a quien esté dispuesto a llenarte de alegría aunque a veces le falte, a quien te demuestre cariño aunque lo necesite, a quien te suba el ánimo aunque el suyo esté por los suelos, a quien te de esperanza aunque él mismo la pierda, a quien esté dispuesto a llenarte de amor, porque le sobrará cuando se trate de ti.

Vales tanto... más de lo que te imaginas y sería una pena elegir mal y llegar a quedarte con un desobligado patán, mantenido machista, con el único objetivo de llegar al día de su descanso para emborracharse a desmedida, con ese que tiene como objetivo principal el sentarse a jugar videojuegos o irse a su partido de futbol, ese que prefiere lo excesivo en sus hábitos y te demuestra que no podrá decirte sí, si no que sabe decirse no; que trabaja sin compromiso y sin visión, que te prohíbe y te limita, que te controla y no te incita.

No elijas a ese que trate de cambiar la mujer que eres, porque debe intentar hacerte evolucionar puliendo tus virtudes y mejorando tus defectos, pero, si confunde eso con querer cambiarte, aléjate, no mereces eso.

Quédate con quien te aporte, te sume y te multiplique. Quien le aporte un ingrediente al sazón de tu vida, quien le sume sonrisas a tu rostro y días a tus días, quien te multiplique sueños, metas y orgasmos sin medida.

No que te reste, ni divida, ni te quite. Si resta, que sean tus tristezas que tanto te lastiman, si divide, que divida sus problemas y se adentre en soluciones, si te quita, que te quite tus temores, tus miedos e inseguridades.

Quédate con quien te ame y tú le ames, que no seas la mujer de su vida, que seas su vida hecha mujer, que te distinga a diario, cada día de su vida y que en tu vida se quiera perder. Que te ofrezca una entera vida a su lado y que mantenga ante todo un te amo.

Por favor, ten siempre presente que cuando tengas a alguien a tu lado, aceptarse no será suficiente, el compromiso afectivo de un amor apasionado y real conlleva a mucho más que sólo eso, fluye a través de la admiración hacia el otro y hacérselo saber como símbolo de atracción, motivación y orgullo es necesario. Alguien que te impulse a ser mejor, desarrollando al máximo tus virtudes y motivándote a cumplir tus sueños, esa, esa es la persona correcta para ti.

Quédate con quien te rete mientras debaten temas controversiales, que puedan debatir sin pelear y que pueda tener cierta capacidad para hacerte cambiar de parecer, o que mínimo te haga dudar. Que respete tu punto de vista y tu opinión muy particular.

Quédate con quien tenga tu atención y tu tengas la suya, con quien exista una conexión tan profunda y que pueda hablarte de cosas interesantes aunque parezcan poco probables, con quien puedas hablar de constelaciones, de vidas pasadas, del mundo que existe en el océano, de fantasmas y cosas paranormales, de mitos, de reencarnación, de extraterrestres, de leyendas urbanas, de temas tabú, de galaxias y cosas extrañas. Con alguien que te hable de todo aquello que logre llevarte mentalmente a otro nivel, que te haga pensar, desear y soñar, no que sólo te responda con un "ajá, sí» o un "qué aburrido" y te hable de lo cotidiano porque todo le parece absurdo, ni que juzgue ese gusto que posee tu sentido curioso, que no te mire con extrañeza como si sólo hablaras sandeces sin sentido y que te haga sentir perdida en el camino. No hay nada de malo en ti por apasionarte con este tipo de cosas, creo que hay algo mal en aquellos que no les gusta intentar ver más allá de lo que saben.

Te juro que tener una profunda conversación con alguien a quien amas, que tiene una mente brillante y un alma hermosa, es sin duda otra manera de hacer el amor.

Quédate con quien amerite que pienses en regresar y que mínimo te haya buscado con decisión y profundo amor, que haya hecho notoria su batalla por estar contigo, pero siendo limpio y con sentido, porque aquellos que pretenden recuperarte con dedicatorias de canciones dolientes y esas promesas de olvidarte, no merecen ni siquiera que los voltees a mirar. Ten en cuenta que tú eres de diez, que ahora estás nuevamente completo/a, entero/a y radiante y que sencillamente no se pueden hacer cosas épicas con personas tan básicas. Existe una brecha enorme entre una persona llena de verdad y otra de mentira.

Cuando exista alguien que merezca tu todo ¡explota de amor, carajo!, que la indiferencia y huir del sentimiento es para los débiles y cobardes. Quien te ama desde lo más profundo de su corazón te dejará bailar como loca/o bajo la lluvia y te contemplará mientras lo haces, te tendrá como un ave sin jaula dejándote libre porque de tu libertad se enamoró.

Quédate ahí, con quien dé todo por ti, entiende que, cuando se tiene ojos para una persona, no importa quién más esté en frente. Ahí donde siempre te permitas ser tú, sin tener que simular ni apenarte por nada, donde rías a carcajadas y te encuentres a ti misma/o en su mirada. Podrás decir que todo terminó, pero, si aún le amas y te ama, debes saber que entonces aún no acaba.

En tu vida conocerás dos tipos de personas: una te dará la vida que quieres y la otra te dará el amor que deseas, si tienes mucha suerte, encontrarás a alguien que te de ambas, pero si te encuentras en la penosa situación de tener que elegir, escoge el amor.

Preludio y audición

> Cuando tienes una conexión con alguien,
> esta conexión nunca se va.

Existen caminos diseñados para ser atravesados de una u otra manera, por propia decisión y, en ciertos casos, sin elección, algunos mancillan tu alma y otros destellan en calma, como un preludio inminente que te mantiene inherente. Es una ejecutada sensación que no requiere de audición porque, en su interpretación escénica, no se necesita de tanta reflexión cuando hablamos de amor. Es un incipiente acto de bondad, lealtad y templanza, entregando el todo a los oídos sordos de quienes pretenden cortar la mecha encendida por dos almas.

Decide el camino hacia tu felicidad, hacia aquello que inunda tu humanidad y deja de andar por esa vereda tempestuosa, cansada y sinuosa que sólo te lleva a la nada, provocándole grietas a tu esencia minada. Existen caminos que no vuelves a conocer jamás, difícil te será de reconocer, pero, si aún existe la oportunidad de vivir en él, corre y haz que valga el riesgo y no la pena, porque las tristezas del corazón sólo te mantienen sin uso de la razón, como un alma en pena, desolada, confundida y sin vida entera.

Volverás a sentirte bien cuando aceptes que no eres culpable de nada, cuando entiendas que así es como tuvo que ser, que lo mejor de dejar ir es recibir todo lo nuevo que llega y que vales más que lo que se fue por el camino de la vereda que eligió las mentiras a desmedida y que, de llegar por la puerta más grande, terminó yéndose por la más pequeña. Entenderás todo cuando la realidad te arrincone, cuando la mentira caiga y la verdad salga a flote. Emergerás una vez más de la penumbra y el atosigo inminente porque, si pensaste que eras débil, te darás cuenta de lo fuerte que eres. Volverás cuando menos lo esperes, cuando el mismo tiempo arremeta contra ese malestar emocional que tanto te aqueja, cuando se imponga el amor propio, la auto valía, la dignidad, la resurrección de la esencia que asesinó su propia agonía y resurgió como el nuevo tú, quien regresó para apostarle al amor una vez más cuando éste se presente, porque habrás entendido que a este mundo venimos a amar tal y como has amado durante años: a través del tiempo, de otras almas y probablemente hasta en otras vidas, porque para los que estamos hechos de amor de humanidad jamás nos es suficiente el amar, jamás perdemos la bondad, jamás nos vaciamos sin antes llenarnos y aunque pongamos en riesgo el corazón, no importa al final porque justo esas grietas, esas heridas que hoy son cicatrices de sabiduría, son las que te han sabido formar sin importar la opinión de los demás.

No dejes que tu corazón se congele sólo porque alguien se dedicó a alejarte o alejarse, por haber hecho las cosas mal y haberte querido sepultar sin importarle tu malestar emocional. Créeme, todo pasa, mientras lo realmente importante se queda, ante todo, se queda.

Todo tiene un fondo en la figura, si le importas a alguien, cambiará lo que estorba entre ustedes, propondrá soluciones, no pretextos, persuadirá lo imposible para hacerlo posible, sepultará el pasado para darle apertura oportuna al futuro, increpará lo irracional para darle preferencia al sentido común, combatirá la injusticia para obtener lo merecido, te elegirá a ti ante el cuestionamiento, ante la intriga, ante la incógnita y las palabrerías de lenguas largas y lesivas. Permanecerá la entrega y la voluntad, erradicará las amenazas y optará por hablar ante un conflicto sin que pase a más. La figura del fondo encontrará problemas a las posibles soluciones, promoverá lo aversivo ante lo sano, enjuiciará las acciones sin argumento, te mentirá sólo para tenerte contento, manipulará para tenerte a la espera y en preludio de sus intenciones arraigadas y egoístas. Existen figuras destellantes, pero enamórate siempre del fondo desdeñoso.

Sé que es malo enamorarse de mí... tengo la pésima costumbre de llenar de mensajes cursis, detalles y uno que otro beso desprevenido. Soy apasionado y siempre lo quiero dar todo, te voy a contar todo y quizás te aturda, me voy a aprender tus detalles y te voy a hacer reír como loca. Te aseguro, me voy a burlar de ti cuando tu madre me enseñe tus fotos de pequeña.

Soy de esos que quieren saberlo todo, así que te preguntaré desde tu color favorito hasta tu opinión sobre temas poco comunes y, cuando esté en desacuerdo contigo, te aseguro que te lo haré saber.

Tengo el mal hábito de preocuparme por otras personas como si lo hiciera por mí, te voy a empujar a superar tu miedo a las alturas y es probable que pierdas tu baja autoestima porque te mostraré la musa que representas. Te voy a obligar a sentarte a ver conmigo mi serie preferida y seguramente te cante mis canciones de rock favoritas, me comportaré como un niño pequeño jugando de un lado a otro y te aseguro que te burlarás de mi cuando pierda en discusiones tontas.

Es probable que haga trampa en el juego de cartas y que te quiera distraer mientras me robo tu póker en mano, te aseguro que contaré los mismos tres chistes malos que me sé, pero intentaré aprenderme uno a diario. Soy pésimo olvidando las fechas importantes, pero sobre todo soy malísimo mintiendo. Además, nunca me olvido de los detalles.

No te convengo: me voy a preocupar demasiado por consentirte y por llevarte a mis lugares favoritos, voy a insistirte que salgas a bailar locamente conmigo en la fiesta, siempre me preocuparé por cuidarte en los días malos y cuando las lágrimas te invadan. Insistiré en presentarte con todos mis familiares y amigos, para, obviamente, presumirte.

No te enamores de mí, soy muy puntual y siempre cumplo mis promesas, les hablaré a todos de ti y siempre excusaré tus defectos y, por supuesto, te defenderé bajo cualquier tormenta o probable amenaza. No te enamores de mí, no lo hagas, estoy seguro de que no te convengo porque la verdad, cuando te equivoques, no dudaré en decírtelo y sí, te haré la ley del hielo cuando te portes mal conmigo. No sé fingir, así que si te digo que te quiero o que lo siento, será en serio. No lo hagas, te aseguro que no te conviene enamorarte de mis escritos ni de mi forma de reír, ni tampoco de mis gustos por la música o la literatura, de lo que he tenido que leer de grandes escritores para dedicarte cada palabra de amor, no te enamores de cómo bailo o cómo río, de cómo te miro o de cómo me miro.

Tengo la mala maña de que, cuando me enamoro, siempre entrego mi corazón por completo, cambio mis prioridades y, además, te pondré por encima de todas ellas. No soy bueno para ti, convéncete de eso.

Soy sumamente honesto y directo, juro que señalaré tus errores y te aplaudiré como un fan, como loco en primera fila cuando lo requieras, eso sí, estaré presente en los buenos momentos pero sobre todo en los malos y aún más en los pésimos.

Te voy a engordar mucho porque te hornearé todas las recetas de mi madre y mi abuela, de seguro te haré probar todas las recetas que he estado aprendiendo y de vez en cuando te llevaré a escondidas tus golosinas favoritas un día de cine.

Soy testarudo, te pensaré tanto que iré a verte sin avisarte y tan sólo me apareceré en la puerta de tu casa o en el lugar donde trabajas. Me enojaré mil veces y te perdonaré otras mil, así como me disculparé dos mil si me equivoqué. Nunca dudaré en decirte que te extraño y te escribiré primero cuando me ganen las ganas de saber de ti.

No te enamores de mí porque asistiré a todos los compromisos familiares a los que me invites porque de tu compañía quiero vivir. Escucharé por sexta vez la historia de tu abuelo y probablemente me ría del chiste malo de tu tío. Me despertaré a las tres de la mañana para desearte buen viaje y te aseguro que obtendrás de cumpleaños el detalle que meses atrás comentaste que querías. Estoy seguro que te dedicaré todos los posts románticos de "Inmarcesible", porque hasta escribí un libro donde un capítulo completo te lo dediqué a ti.

No te conviene quedarte conmigo porque te despertaré en la madrugada cuando tenga pesadillas o insomnio y cuando veamos películas de miedo agarraré tu mano fuertísimo toda la película. Sí, es probable que no me calle y te inunde con preguntas y comentarios absurdos. Querré saber cómo te fue en el día a detalle mientras tú llegas exhausta y es probable que me enoje si tú no me preguntas cómo estuvo el mío.

Te llevaré al cine a ver películas de amor y te obligaré a no quedarte dormida. No te convengo, ambos lo sabemos. Además voy a escribir de ti y te voy a dedicar miles de frases cursis, de poemas

Además, tengo el mal hábito de dedicar mis canciones favoritas, te llamaré para asegurarme que llegaste a casa y para tener una excusa para oír tu voz antes de dormir. Sí, te voy a empujar durísimo a perseguir tus sueños y a no rendirte, esos días en los que estés desanimada procuraré motivarte y, cuando tengas poco que decir, estaré oyendo tu silencio.

Te voy a cantar como loco en el coche letras de Carlos Rivera y tu artista favorito, juro que nunca pararemos de reír como un par de tontos aunque quizás se nos queden viendo mal o crean que estamos locos, pero no me importará. Te voy a asfixiar con mis abrazos y cuando no quieras saber del mundo, tendré que cuidarte como si fueras el mío.

Estás advertida, porque si te enamoras de mí te vas a exponer a todo esto, a un hombre que te proteja y sea alguien para ti, no un puñado de superficialidad ni de cosas desechables, sino alguien que lo dará todo por ti.

Tampoco te enamores de mi si no estás dispuesta a entregar lo mismo y ser la ecuación no perfecta, pero si la dispuesta para lograrlo todo juntos.

No existe poesía más sublime que tú, así que no entregues tu obra a quien no sabe leerte.

Promesa

> «Que tus decisiones sean el reflejo de tus
> esperanzas, no de tus miedos.»
> Frase atribuida a Nelson Mandela

No sé si el destino, si Dios, si el universo, si la casualidad, si la vida, si la causalidad o si la misma energía hacen que ciertas personas lleguen a tu vida, que lo relativo genere su efecto y haga que ellos se crucen en tu camino o que tú te cruces en el de ellos. No decidimos quien se cruza en nuestro camino, lo que decidimos es quién permanece para siempre.

Hazte la promesa de nunca dejar de creer en el amor, porque, aunque te hayan roto el corazón, lo mejor es luchar por salvarte sin dejar rencor. No castigues tu idea sobre lo que sabes dar y puedes sentir, porque el amor no daña, quienes dañan son las personas. El amor construye, edifica, maximiza, elabora, promueve, aporta, llena, enaltece, vincula, ensordece, mejora, alivia, conduce, libera, conmemora, vitaliza, endulza, excita, apasiona, motiva, impulsa. El amor no duele, lo que duele son las palabras impulsivas y lesivas, lo que duele es la soledad en quienes no saben vivir consigo mismas, lo que duele es la hipocresía que te escupe en la cara y te miente de frente, lo que duele es el rechazo que no asimilas, lo que duele es el silencio que te deja a la deriva, lo que duele son las promesas no cumplidas, lo que duele es la traición que rompe la confianza ya construida. Duelen las personas que de amor no saben nada, pero el amor no duele, porque créeme que, si en él encuentras dolor, entonces no estamos hablando de amor.

Prométete a ti mismo/a que darás lo mejor de ti, sin importar las posibles consecuencias que desconoces en realidad. Levántate cada día de tu cama y toma consciencia de lo grande y maravilloso que eres, del ser humano inquebrantable que representas ante el mundo, ante la vida y la existencia. Después de todo, no importa quién te dañó, lo importante es quién te hizo reír. Amar sabiendo que puedes perderle en cualquier momento, ahí está el secreto de todo.

Permítete también la autocrítica, porque reconocer que algo en ti no está bien no significa que eres malo, significa que eres humano, pero uno consciente y maduro con la capacidad de mejorar.

Ama, respeta, admira y siéntete orgulloso de a quien miras en el espejo cuando te lavas la cara o te cepillas los dientes. Agradécele por haber sido tan fuerte, por haber dirigido tu camino y haberte levantado cuando caíste, cuando lo improbable te golpeó de frente y te dio aquella sacudida dentro de un huracán implacable, pero saliste con vida, continuaste aunque estuvieras mutilado en tu interior y, entre lágrimas y dolor, confrontaste lo peor para tu propia superación. Promete algo importante, porque lo importante está sucediendo justo ahora mientras lees este escrito, lo importante es quien repasa estas palabras, quien sostiene este libro y se enfrenta a sí mismo; lo importante es quien mira a través de esos ojos y se concede la oportunidad de observarse, de observar al otro y darse cuenta que eres tú lo más importante. Date el gusto de vivir sin prisa, date el tiempo para contemplar la vida, déjate ser tú mismo sin la necesidad de impresionar a nadie pero siempre siguiendo tus ideales, deja de vivir con miedo porque el miedo sólo vive en tu mente. Promete no hablar, ni mirar, ni escuchar todo aquello que te quite la paz.

Haz la promesa más grande de tu vida, que cuando vuelvas a encontrarte en ruina, mantengas en alza tu sonrisa. Prométele a Dios, al viento y a ti mismo, que nada ni nadie podrá hacerte caer, que no te cubrirás tampoco de soberbia, ni venganza, ni de odio, ni resentimiento, ni de una especie de cobranza. Nadie merece lo negativo ni mucho menos lo vengativo que alguien quiso dejar en ti, porque te juro que eres mucho mejor que eso.

Prométete y comprométete a que, cuando venga el amor a ti, no dejes nada y lo entregues todo, porque si abandonas cada que las cosas se ponen difíciles, sólo irás por la vida sin lograr nada que valga la pena cuando tu vida lo vale todo.

No eres la contraparte del sobrepeso emocional de nadie. Tampoco la segunda opción ni el soporte de su indecisión generada de su propia frustración. Eres el complemento natural irradiante de quien lo amerita, de quien hace lo necesario por ti, quien tiene la seguridad contundente de querer tenerte y el miedo a poder perderte, quien está dispuesto a permanecer y esculpir una vida a tu lado, no que sólo te deje de lado.

Nunca dejes de hacer locuras en nombre del amor porque ese es el símbolo único de saberte completamente enamorado, porque todo lo que hiciste por alguien algún día valdrá la pena y te darás cuenta de lo que eres capaz de hacer y hasta dónde puedes llegar por alguien, de que los límites no existen cuando amas desde lo más profundo de tu alma, de que vivirás feliz sabiendo que de ti nació algo tan grande por alguien que ahí estaba, entero, honesto, limpio e inmensamente entregado.

Sueña muy alto porque si tus sueños no te atemorizan quiere decir que aún estás soñando muy bajo. Cree en ti, porque si has tenido la capacidad de salir de tus grandes batallas emocionales, entonces sin duda podrás llegar a la cima de tus más altos estándares. Minimiza tus inseguridades y maximiza tus virtudes, potencializa tus dones y ponlos en práctica porque, si no es hoy, ¿entonces cuándo?

El momento es hoy porque el mañana sencillamente no existe y el ayer sólo en tus recuerdos persiste, tu momento siempre será el hoy en que puedas vivir o te puedas redimir. No te encorves nunca más, ante nada y ante nadie, muestra tu carácter sin dañar ni humillar a nadie, sé tan entregado que tu nobleza desborde, refleja tu bondad en la ayuda de los otros y verás que eso te llevará al término de tu día a una satisfacción infinita.

Prométete amarte tanto que cuando notes que no estás siendo tratado/a con amor y respeto revises tu etiqueta de precio, porque quizás te lo bajaste demasiado sin darte cuenta y tendrás que recordarte lo que vales, así que colócate detrás del cristal donde se encuentra todo lo de valor porque justo ahí es donde perteneces.

Promete que lucharás las veces que sean necesarias contra la parte insoportable que llevas dentro porque somos humanos y todos la llevamos. Promete que, aunque tengas miedo y te trague el pavor, siempre estarás ahí dando tu mejor versión, sin arrepentirte de nada, mucho menos del tiempo ya dedicado.

Quédate con la tranquilidad de que lo que hiciste fue con buena intención, de que lo que diste fue sincero y de corazón. Sonríe y vive feliz porque si hubo alguien que eligió perderte fue porque fuiste demasiado profundo/a, o porque tuviste estándares muy altos o sueños muy grandes o demasiada alma o por tener los pies sobre la tierra y hasta por amar tanto. Entonces tú no perdiste, a ti te perdieron.

Si estás dispuesto a olvidar y hacer lo necesario para al fin dejar ir el dolor, hazlo con todo de ti y resetea lo que tanto te dañó, pero sin olvidar jamás una parte importante que en su momento logró rescatarte. Jamás olvides a quien te cuidó ante el quebrantamiento, a quien te acompañó en la soledad, a quien te ofreció un refugio mientras cruzabas un campo de batalla, a quien te sostuvo en la fragilidad, a quien secó tus lágrimas en medio del llanto, a quien escuchó con atención cada palabra de dolor y te envolvió de profundo amor, a quien te abrazó sin condición e intentó reparar tu corazón, a quien te invitó a su mundo mientras el tuyo desmoronó y hasta se quitó pedazos de sí mismo para completarte, a quien se preocupó de tus problemas y los tomó como si fueran suyos, a quien dio la cara por ti cuando nadie más lo hizo y ante todo te decía "sí" mientras otros decían "no", a quien estaba ahí disponible a estar ante la tempestad y lloró a tu lado porque tu dolor le dolía, tu sufrimiento lo sufría. No olvides jamás a quien lo daba todo por ti porque eso será lo que te recuerde cada día que existe alguien en la vida que te hizo ver que la tuya vale tanto como para haberse arriesgado a dejar de lado sus días para llenarte de luz y de vida. Llévalo como un llavero colgante que te recuerde en tus caídas el eterno amor que siempre estuvo dispuesto alguien a darte y nunca más vuelvas a olvidarte.

Eres el nuevo tú, el mismo ser humano hermoso, pero con un espíritu refrescado, esclarecido y renovado. Eres quien tiene control de su vida, quien decide adaptarse al ambiente pero construyéndolo y mejorándolo. Eres quien sirve para vivir y también vive para servir, eres el cúmulo de experiencias que sólo tú conoces y sólo tú puedes evaluar y juzgar.

Eres libre de volver a amar, libre de enseñar y estar dispuesto a aprender. Eres la totalidad de vidas enlazadas, de aquellos que te entregaron su alma y forjaron la tuya. Eres amor, eres el amor de tu propia vida, así que deja de pedir milagros, tú ya eres el milagro.

¿Que si te ama?

Imagina cuánto te ama que al orar me habla de ti, me pide te proteja, te haga feliz, te guíe y te mantenga a flote ante toda tempestad y probable adversidad. ¿Que si te ama? Si me pide más para ti que para sí. Cada plegaria está dedicada a ti, cada palabra, cada pensamiento, cada sentimiento, cada emoción envuelta de amor. Proclama por tu bien y es enfático en decirme la maravilla que eres como si no supiera quien eres, pues yo te creé. Aun así lo escuchó con atención porque me habla con el corazón, con tanto amor que atiendo su petición: el acompañarte en su ausencia y ser yo quien cuide de ti, alentarte como si estuviera ahí y mantenerte fuerte para seguir avanzando y logres todo lo que le dijiste que lograrías porque eso le haría feliz esté o no esté ahí. ¿Que si te ama?

Sí, te ama tal y como yo mande amarse.

-Dios-

Asegúrate de que dentro de diez años puedas decirte a ti mismo/a que escogiste tu vida y que no te conformaste con la que tenías.

Epílogo

Si vienes de una fuerte sacudida y llegaste hasta cierto punto de tu vida donde encontraste una salida, te felicito por haber sido fuerte y haber soportado la tormenta cuando juraste no podrías.

Si aún no vives algo como esto, espero que éste libro pueda despejar algunos acertijos llenos de misterio y que extienda tu margen de percepción acerca de algo tan bello, pero tan delicado, como es el amor.

Si estás atravesando una situación de dolor o confusión, a ti en especial quiero decirte algo muy importante con todo mi amor: ya lloraste, ya sufriste e incluso te deprimiste, ahora es momento de volver a vivir, de volver a sonreír y volver a ser tú, para ti, para quien te necesita y para quien conoces o quizás aún no conoces, pero está ahí, en algún lugar, esperando llegar a tu vida. Así que mantente fuerte, respira profundo y ten en mente que eres muy importante y que la vida necesita de ti, de tus dones y virtudes, de ese amor que vive en ti y que la humanidad ha ido perdiendo poco a poco.

Amate tal y como eres, deja de juzgarte, de criticarte y de lastimarte. Date cuenta de lo mucho que vales y que no necesitas de la aprobación de nadie para ser feliz. Obséquianos lo mejor de ti cuando te sientas listo/a, que muchos queremos verte brillar nuevamente.

Se invencible, se loable, se inteligente, se amable, se humilde, se honorable, se tú mismo, se único, se merecedor de amor y afecto, se entregado, se honesto, se pasional, se amoroso, se humano, pero sobre todo y ante todo… SE INMARSECIBLE.

Referencias

Imagen por Tâm Đặng/Pexels. https://www.pexels.com/es-es/foto/caminando-nina-arboles-jugando-11217096/

Imagen por Maksim Goncharenok/Pexels. https://www.pexels.com/es-es/foto/amanecer-puesta-de-sol-pareja-amor-4883691/

Imagen por João Jesus/Pexels. https://www.pexels.com/es-es/foto/foto-de-enfoque-selectivo-de-una-flor-de-tulipan-rojo-2480072/

Imagen por Syed Hasan Mehdi/Pexels. https://www.pexels.com/es-es/foto/dos-caballeros-de-ajedrez-blancos-y-negros-uno-frente-al-otro-en-el-tablero-de-ajedrez-839428/

Imagen por Karolina Grabowska/Pexels. https://www.pexels.com/es-es/foto/plato-naturaleza-amor-romantico-4041393/

Imagen por Jonathan Borba/Pexels. https://www.pexels.com/es-es/foto/pareja-anonima-de-viajeros-abrazados-en-avion-abandonado-al-atardecer-4661727/

Imagen por Tima Miroshnichenko/Pexels. https://www.pexels.com/es-es/foto/persona-telefono-inteligente-maqueta-telefono-movil-6611926/

Imagen por Hugo Ruiz/Pexels. https://www.pexels.com/es-es/foto/persona-mujer-modelo-acostado-12851557/

Imagen por Adrien Olichon/Pexels. https://www.pexels.com/es-es/foto/hombre-sentado-frente-a-la-pantalla-encendida-2736135/

Imagen por cottonbro studio/Pexels. https://www.pexels.com/es-es/foto/vacaciones-mujer-oscuro-efecto-desenfocado-5435274/

Imagen por Pixabay/Pexels. https://www.pexels.com/es-es/foto/florero-de-vidrio-transparente-39589/

Imagen por emeshotz/Pexels. https://www.pexels.com/es-es/foto/hombre-persona-sujetando-actitud-14154759/

Imagen por Thomas balabaud/Pexels. https://www.pexels.com/es-es/foto/hombre-besando-la-cabeza-de-la-mujer-mientras-esta-sentado-en-un-banco-frente-al-cuerpo-de-agua-3404388/

Imagen por Laurentiu Robu/Pexels. https://www.pexels.com/es-es/foto/fotografia-de-enfoque-de-mascara-blanca-2375034/

Imagen por Pixabay/Pexels. https://www.pexels.com/es-es/foto/hombre-de-pie-434348/

Imagen por AARN GIRI/Pexels. https://www.pexels.com/es-es/foto/volador-movimiento-insecto-mariposa-5710381/

Imagen por Dhia Eddine/Pexels. https://www.pexels.com/es-es/foto/hora-temporizador-naturaleza-muerta-cuenta-atras-7224866/

Imagen por Sebastian Voortman/Pexels. https://www.pexels.com/es-es/foto/mujer-caminando-sobre-valla-1548769/

Imagen por Snapwire/Pexels. https://www.pexels.com/es-es/foto/naturaleza-bosque-industria-barandilla-34950/

Imagen por Martin Damboldt/Pexels. https://www.pexels.com/es-es/foto/paisaje-naturaleza-agua-nubes-814499/

Imagen por Ben Mack/Pexels. https://www.pexels.com/es-es/foto/mujer-irreconocible-con-perro-corriendo-en-la-pintoresca-playa-en-el-crepusculo-5326902/

Imagen por Donald Tong/Pexels. https://www.pexels.com/es-es/foto/interior-del-teatro-109669/

Imagen por SplitShire/Pexels. https://www.pexels.com/es-es/foto/acero-amor-aventura-amorosa-barandilla-1488/

Agradecimientos

A ti, querido hijo Santiago, que después de haberte sostenido en brazos tú me sostuviste a mí cuando caí y me recuperé por ser tú mi más grande motivación.

A mi madre, cuyo mayor legado es el amor que me enseñó desde que tengo vida, su compasión por los demás, su fortaleza que no declinó jamás, su humor que alegró vidas y su sabiduría que forjó al hombre que hoy soy. Toda su enseñanza es esta creación escrita para ti, lector. El reflejo mismo de este libro proviene del enorme amor, respeto y admiración que le tengo a mi madre y así es como la honro.

A mis abuelos, que a lo largo de la vida me mostraron el bien ante el mal, los valores y su amor real. Los amo y sé que volveremos a encontrarnos en otra vida.

A mi familia, que está conformada por las personas más increíbles del mundo, por el eterno amor que existe en ella y el que me ha enseñado a desarrollar con el paso del tiempo.

A la psicóloga Laura Guerrero, que me aportó dirección en esta aventura diseñada para ti, lector, por sus tan importantes opiniones y objetiva percepción en cada espacio de éste escrito.

Gracias, vida, por encontrarme con personas tan bellamente imperfectas. Gracias, Dios, por escribir a través de mi mano, maniobrar mis pensamientos y esbozar desde lo más profundo de mi corazón esto que hice con todo mi amor.

www.ingramcontent.com/pod-product-compliance
Lightning Source LLC
Chambersburg PA
CBHW060123170426
43198CB00010B/1014